文案也浪漫

国内首部文化艺术策划人的创作手记

精彩的策划源自精彩的文案
精彩的文案源自浪漫的情怀

王鹏 著

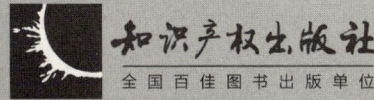

知识产权出版社
全国百佳图书出版单位

图书在版编目（CIP）数据

文案也浪漫 / 王鹏著. —— 北京：知识产权出版社，2015.2
ISBN 978-7-5130-3231-5

Ⅰ. ①文… Ⅱ. ①王… Ⅲ. ①文化活动 - 方案设计 Ⅳ. ① G247

中国版本图书馆 CIP 数据核字（2014）第 291908 号

内容提要

这是一本揭秘策划思想的书，这是一本以"文化艺术策划"为概念的书，这是一本文化艺术领域的新唯美策划文案集，这是一本唯美的、有观念的、有情感的、普适实用的文化艺术策划文案创作思想之书，这是一本改变文案写作"理性"表现模式、引领文化艺术策划文案写作新范式的书，这是国内首部文化艺术策划人的创作手记。

本书适合文化艺术领域策划人、文案写作者、相关专业大学生及感兴趣的读者阅读、参考。

责任编辑：荆成恭　　　　　　责任出版：刘译文

文案也浪漫

王 鹏 著

出版发行：知识产权出版社有限责任公司	网　　址：http://www.ipph.cn
社　　址：北京市海淀区马甸南村 1 号	邮　　编：100088
责编电话：010-82000860 转 8341	责编邮箱：jcggxj219@163.com
发行电话：010-82000860 转 8101/8102	发行传真：010-82000893/82005070/82000270
印　　刷：保定市中画美凯印刷有限公司	经　　销：各大网上书店、新华书店及相关专业书店
开　　本：720mm×1000mm 1/16	印　　张：14
版　　次：2015 年 2 月第 1 版	印　　次：2015 年 2 月第 1 次印刷
字　　数：246 千字	定　　价：48.00 元

ISBN 978-7-5130-3231-5

出版权专有　侵权必究
如有印装质量问题，本社负责调换。

开卷语

浪漫是一种情怀

当我独处在台灯畔，慢品一盏香茶，写下一段文字，渐入一种孤独。

这孤独，不是让人心生空虚的寂寞，这种静谧的"深孤独"，是灵感迸发的涌泉。

这是一种叫作"驰"的状态。我在"驰"中，思想在繁喧的时空悄然沉淀，情感在独孤处奔逸释放。

我要感谢那些孤独而袅娜的时光，是"她们"使我沉浸并投身于演习这笔尖的舞蹈。我还要感谢这些文字的斑斓和温情，是"她们"让我真正体会到文案亦可如此浪漫。

优秀的文案，定要有摄人心魄的权杖。这种力量是灵魂处最迫切的呐喊，是一种独特创意的震撼之美，更是一种人性对心灵的慑服。"她"不是虚情假意的调情修辞，没有矫揉造作的献媚造句。"她"流淌的是人类灵魂深处最真切的情感，是笔尖向高贵灵魂的膜拜，是心灵碰撞后激燃的创意火花，是真挚情愫激荡的动人乐章，是想象的律动与理性思维的交融。这是我生命永远的陶醉，是我将追求毕生的归宿。

文案的浪漫是一种深邃的情怀，是一种性灵的浮现。"她"不是文艺小资矫情的喃语，也不是花前月下迭次的碎念。"她"以心灵为元，以情感为场，以思绪为线，以融积为点，在创作中不经意地合汇、叠积、绽放……

浪漫在文案创作时不会显性存在。"她"需要用心去抚摸，用思维的光芒传递文字的体温，用人性的纯粹撼动"她"倔强的封印。即便是一盏青灯为侣，一抹书香为伴，一段凝思后转瞬的鲜活，一丝些许间难以触及之空寂，恰恰就是一种心境的快慰与浪漫。

文案的浪漫并不简单。因为这里蕴含着太多文案人的苦心孤诣，有宁谧，有激荡，有存储，有变量，有转换，有判断……

　　文案中的浪漫，也塑建一个独特的精神气象的"我"。在文案创作时，我切实遇到了另一个风华的"我"，那是一个真正鲜活永恒的"我"！

　　世事易变，荏苒光阴，坚守"永远的鲜活"，将浪漫进行到底。

　　坚信，文案理应浪漫。

2014 年 9 月 8 日于点石工作室

推荐语

艾 丰

经济日报原总编辑
品牌中国产业联盟主席
艾丰经济研究院院长
第九届全国政协委员

— 壹 —

  王鹏的这本《文案也浪漫》是我以前没有见过的独特的书。虽然文化艺术策划活动早已有之,但文化艺术策划兴起,并成为一种学术、一种专业,受到人们重视,恐怕还是在近年来国家提倡发展文化产业之后的事情。怎么策划?怎么策划好?或者说,怎样才算好的文化艺术策划?作者给我们提出了一个标准,那就是策划文案本身也应该具有较强的文化艺术性,"文案也浪漫"。这就独树一帜了。

  我认为这本书出版的意义在于,它纠正了对文化艺术策划认识上的某些偏颇,点明了文化艺术策划提升的方向。在一些人看来,所谓策划,就是使文化艺术更好地商业化,使文化艺术产品更好地市场化。这并没有错,在市场经济条件下,文化艺术如果不和商业化、市场化结合起来,其普及和发展就会遇到很大的困难。但仅仅记住这一点,就失之偏颇了。要知道,文化艺术产品是精神产品,精神产品的消费可能给消费者带来三种结果:有益、无害、有害。只追逐金钱的策划,可能降低文化艺术产品的有益作用,可能把无害产品变得有害,从而对社会产生消极影响,也影响了文化艺术的健康发展。这样的策划岂不是帮了倒忙?所以,文化艺术策划本身就应该具有较高的文化艺术性,应该是高品位、高格调的。这种策划本身非但不会"糟蹋"文化艺术,反而会提升文化艺术的品质和正能量。很可贵的是,作者在本书中,不是抽象地论述,而是用自己实践过的案例和撰写过的文案来证实这个道理。

  作者说,"浪漫是一种情怀"。但这种情怀不是想有就有的,也不是想浪漫就可以浪漫得起来的。浪漫是一种思维状态,又是一种思维成果。人们把思维分为感性思维和理性思维。这是基础性思维。此外其实还有悟性思维和灵性思维。在文化艺术领域,悟性思维和灵性思维有更广阔的天地，显现出更大的作用。听到一段美妙的旋律，有的人可能兴奋不已，甚至满脸热泪；有的人则可能毫无感觉，木然置之。这就是音乐悟性的差别。面对名山大川，许多人只知道景色好看，而诗人则可以写出"飞流直下三千尺，疑是银河落九天""前不见古人，后不见来者，念天地之悠悠，独怆然而涕下"的诗句。这是灵感思维的差别。悟性和灵性有先天的因素，但后天的经历和思考则起到很大的作用。文化艺术创作需要悟性和灵性，文化艺术策划也是一种创作，至少是再创作，同样需要悟性和灵性。我觉得，王鹏是一个很有悟性和灵性的人，他的策划成果更是和他多年的努力分不开的。这是那些想成为出色的文化艺术策划的人应该借鉴与学习的。

以上是我的读后感，也是我对此书的推荐语。

广 军

中央美术学院教授、院学术委员、博士生导师

中国美术家协会版画艺术委员会主任

国家画院版画院院长

― 贰 ―

"策划"这件事，我是很陌生的，至少在改革开放之前是没怎么听说过的。是因为社会发展的需要吧，进入商品社会以后，许多问题都需要重新来认识，比如，绘画作品是可以出卖的这个问题，就争论了好久。以前哪里想得到呢？

就说卖画这件事吧，没人知道你，谁会买你的画呢？要想让人了解你的艺术，举办个画展是少不了的，而办画展也是要"策划"的，以前我就不懂。2007年我在中国美术馆办了个人油画展，我以为开了门让人看就是了，并不知道还需由"策展人"来"策划"这一说，虽然自信画得还行，但结果，却是没雷少雨的。"策划"这件事又非自己所能为的，一定得有人来做。而这个人呢，必须是个很聪智的人，他应该懂得美术的历史发展和未来的走向，要有不凡的鉴赏力，还得明白展览的规矩、观众的审美心理，等等。

王鹏就是个策划者,他不仅策划展览,扑腾的范围可大了,是整个的"文化艺术";还在大学创办了"文化艺术策划"专业,教授策划,据说在全国还属首创。这是我这个外行十分敬佩的地方。

王鹏很喜欢读书,涉猎又广。他善于独立思考,具有独特的见解,策划过许多有影响的大型项目,偶有所得就写成文字,多了就集成册。我看他的文字像看画,有诗意的美,又有深刻的内容。我曾想,他也许可以成为诗人、成为散文家、成为编剧,说不定也能成为画家。不过,我现在觉得,他还是研究策划吧,因为,大多数文化艺术人都在等着有人来"授之以渔"呢,目前真正懂得文化艺术策划的人到底还是稀少呀!

潘士强

山东省广播电视台副总编辑

山东省美协主席团成员

山东省美协油画艺术委员会副主任

著名油画家

— 叁 —

在"深孤独"中演绎着唯美浪漫,在浪漫中激发出独特创意,在创意中引领文案策划与创作新范式。《文案也浪漫》是王鹏先生灵感与智慧的新超越。

文案常与枯燥、乏味相提并论,似乎与浪漫无论如何都不沾边儿,王鹏先生的才智恰恰表现在具有超常的想象力和反其道而行之的超凡思维。他以浪漫的胸怀、浪漫的激情、浪漫的哲思,将一个个文案演绎得既缜密、大气而又不乏"钓情"之浪漫。在当今文化艺术策划领域,不乏"范儿""腕儿",但缺少像王鹏先生这样能将文案策划、创作得如此有声有色、有滋有味的奇才。我知道他的文案不是来自闭门造车,而是无数次摸爬滚打、呕心沥血的成功实战的结晶,其浪漫的大才大智的确是旁人无可替代的。

金培达

香港著名作曲家

— 肆 —

每次去讲一些跟电影配乐有关的课程，我总是喜欢用这样的开场白："我希望今天大家离开的时候，带走的不是一些资讯，因为这些资讯有天你忘了，要找回不难。我希望你能带走的是一个概念的领悟，这种领悟能改变你对电影音乐创作的态度，让你更懂得运用音乐的知识，创作更美的音乐。"其实很多突破性的思想，都是来自一种对事物的新领悟而带来的改变。

在乔布斯和 Mac 电脑出现之前，没有人想过，计算机硬件和软件的设计美感原来和我们的使用体验（user experience）息息相关，苹果产品革命性地改变了后来科技产品的设计理念，以至我们对品牌的选择也间接反映了我们的生活品位（life style）。

在这种思维下，王鹏的《文案也浪漫》同样为我们带来了一种概念的突破。文案本身是一种比较功能性的创作，以清晰和准确地传递文化艺术策划中特定信息为目标。王鹏提倡"优秀的文案……是一种独特创意的震撼之美，更是一种人性对心灵的慑服"，将文案创作本身提升为一种艺术和美的追求，超越了其功能性的本质。

喜欢王鹏的开卷语："浪漫是一种情怀。"没有对浪漫情怀的追求，文案也只能是美丽文字的华丽堆砌。

相信本书定能为文化艺术策划者带来概念上的反思和挑战。

方文山

台湾著名词作家
文化学者

— 伍 —

书名虽写着"浪漫"，但其实这是一本很实际的书。

通俗文化与高雅文化在市场上往往处于相对的位置，通俗文化服务于大众社会，具有易近性与立即性，消费人群多，进而经济效益高；高雅文化却有一定的文化门槛，一般人难以理解与亲近，造成传统艺术的逐渐式微。身为一位文化艺术策划者，王鹏老师尝试让通俗文化贴近当下社会的普通人，反映时代的感受，使文化"通俗"而不"庸俗"；让精英文化同样可以经由"通俗"的方式让大众更容易亲近了解，在立即性的娱乐后也能低迴思考，细细品味。

不断尝试为艺术寻找永续经营的方法，不只是单纯浪漫的理想，他这种坚持的信念与执行方式是很实际的。

王 非

电视制片人、主持人

全国主持人金话筒奖金奖获得者

— 陆 —

识人读书

很多时候，是读书识人。读了一本书觉得不错，于是通过各种途径去了解写书的人，况且互联网无所不能，瞬间就可以把作者的前世今生如碎片般拼接起来。而这一次是个例外，《文案也浪漫》的作者王鹏是我的老友，所以看到这个书名第一感觉就是：摸爬滚打、沧海桑田这么多年，王鹏还是二十多年前的王鹏。

与王鹏相识共事的那个年代，我主管青年工作，工作上与他交集颇多，久了就物以类聚，有了一个文艺青年的小圈子，圈子的骨干是我和王鹏还有当时已经有些名气的青年画家唐振铎。那时的王鹏很忙，工作之余画画、写诗不亦乐乎，但还是"三部六九"（烟台方言）地组织圈子聚会，当时人们联系方式很原始，一部自行车穿街走巷，都是王鹏的事，而且每次他都会邀来几位文艺青年，给我们的聚会带来一抹靓色。用今天的话说，王鹏的策划和执行能力那是相当了得！

那个时候生活清贫乏味，但我们的聚会却让我们的青葱岁月充实灵动。吟诗、作画，喝散啤，不知不觉已是夜深。有一天，我们如约来到王鹏家，但王鹏说停电了，于是我们摸黑依次进入那个熟悉的小屋，突然"啪嗒"一声，接着一个彩球灯转动起来，拉德斯基进行曲响起来，王鹏操一口"烟普"（烟台普通话）说：舞会开始！要知道那时交谊舞还是犯禁的，我们所有的人目光都本能地投向那仅有的一扇窗户，只见窗帘紧闭，竟然还挂上了几条彩带！事后我们才知道，因为看了电视台晚会用的旋转彩灯很漂亮，王鹏用了几天的时间自己动手制作了一个彩灯，要给我们一个惊喜！如今想起来，在那样的年代我们拥有了一段浪漫时光，要感谢浪漫的王鹏！

那时人们的着装打扮是求同，但印象中王鹏却总是不经意间别出心裁，别人都手提一个笔记本一样的公文包，他却背一个帆布绿书包，还自己画上一个别致的图案；冬天我们都是家里人用毛线织的大围脖，王鹏却系一条格子围巾；街上流行尖头皮鞋，他却穿上一双北京老布鞋……如今说来，这或许是一种品位，讲究品位在那个年代是需要勇气的。当然，那个年代也不会想品位也是一种浪漫！

浪漫注定是一种传奇！1992年我独闯广州，从此不知王鹏去向（没有手机的年月是多么的残酷）。2014年春节我们在故乡见面，别人介绍说，王鹏牛大发了，于是我知道了王鹏从广告人到赴京求学、从教授到策划家的传奇人生，或许正是浪漫成就了王鹏的传奇！

如今老友相见一定互加微信，每天打开微信"王鹏点石"总有新帖，老屋门前的桥、河面上的一片落叶都会让他深情款款，诗兴大发。聚会时，酒过三巡有老友会揶揄王鹏：都这把年纪了怎么还像小年轻一样酸溜溜的。其实这何尝不是一种羡慕，中年浪漫依然在！

浪漫在，传奇就会继续。当我看到《文案也浪漫》的书稿时，我为老友王鹏高兴，浪漫又开花了。作为主持人总要和各种策划人、文案打交道，深知不同的文案给主持人的兴奋度是截然不同的。关于这本书我无须多说什么，我只想告诉大家我印象中的王鹏，你也就知道为什么文案会和浪漫相遇。看过王鹏选集在书中的各种文案，我突然有一种感动，感谢机缘让我们再次相遇，若再次合作能否有当年的浪花？

序

精彩的策划源自精彩的文案
精彩的文案源自浪漫的情怀

对文化艺术策划人而言，文案写作的基础，是平时潜心读书与不断练笔的积累；文案写作的境界，是"深孤独"状态的永恒"初恋"；文案写作的旨要，是用心灵慑服灵魂的"调情"；文案写作的过程，是从"无我"到"有我"的升腾；文案写作的极致，是自我灵感的释怀。

只要你懂得文案是策划人情感的真我，是策划人理性的判断，是自我精神的气象，是熟能生巧的重复，那你就学会了写作，你的文案也一定浪漫。

可以讲，这是国内第一本以"文化艺术策划"为概念并在文化艺术领域涉及较广的个人文案作品集；是本人首次公之于众的策划文案集；还有个人平时思想与情感的写真。

本书试图改变常规的文案写作物化样式的说教，以散文形式畅谈个人的创作观念、思想和情感。为贯穿浪漫的主题，书中以自由情态式，以哲理的、浪漫的、动情的、真实的述说展开……

书中共分四部分。

第一部分"在冥想的语言里"：选集了本人相关文案写作的心得随笔和工作杂谈以及文化艺术项目策划思考过程的创作手记。

第二部分"站在游戏之外"：选集了本人有代表性的对艺术作品与艺术家以及文化产业方面的评论文章。

第三部分"思想的装置"：选集了本人近年来所策划的大型演艺活动、电视栏目、校园文化、养老项目、城市旅游、电影宣传片、艺人包装、艺术青年创业和艺术作品交易等概念文案与品牌营销文案。

第四部分"带着思绪狂奔"：选集了本人日常情态感悟的练笔小品和散文诗。包括即景抒怀、生存思考、策划探研、艺术冷观、情感写真、意识弥散、教育追问等方面。

本次出版挑选了本人百余篇有针对性的文字作品；书中的策划文案是本人近年来所领衔组织策划的真实项目，其中有的已经实施完成，有的正在实施或准备中。因实际原因，书中部分策划文案中的个别章节删减、项目具体名称删除，但不失整体风貌。

目 录

第一部分　在冥想的语言里

003　一个时代的风华
004　诗意的表达
005　那些浪漫的情愫
006　寻找杂文的根基
007　面孔如花
　　　人物评论中的个性表达
008　创意者的思维空间
009　文字的交响
010　创意可以很简单
011　个性化定制
012　演艺之外的"演艺"
013　融合很精彩
　　　舞台剧《排练场》策划手记
014　感受跨界
　　　抒毫辉煌庆典晚会策划手记
015　聆听经典
　　　改革开放三十年晚会策划手记
016　营销的思考
　　　舞台剧《武林家族》营销策划手记

017 **让梦想延续**
    大型国际文艺演出策划手记

018 **城市之间**
    城市策划手记

019 **城市文化之殇**
    城市旅游开发概念性策划手记

020 **整合之美**
    城市品牌战略营销策划手记

021 **另一种声音**
    文化产业园区策划调研手记

025 **创业之光**
    艺术类大学生创业公舍策划手记

026 **动漫产业策划谈**

026 **守望老年人的精神家园**
    老年公社策划方案创作手记

027 **品牌与传播**

028 **教育的果实**
    艺术培训策划手记

029 **电视策划的源头**
    电视节目策划手记

030 **梦想照进现实**
    青年艺术家活动策划手记

031 **设计·格调**

032 **教育的延展**
    文化艺术策划教学手记

033 **开启灵感的缪斯**
    引发创意

034 **设计是从文字理解开始**
    艺术设计教学手记

035 **关于动漫**
    动漫项目策划手记

036　探索与反思
　　　艺术教学手记

037　创意背后
　　　学生视觉创意课作业点评构想

038　文化艺术策划研究所工作构想

040　策划人的浪漫

041　艺术与市场

042　如何制订个人计划

043　关于出书那点事

044　前言的力量
　　　图书前言写作手记

045　与众不同
　　　写作心得

045　梦想与现实

046　另一面

047　宽可容人　厚可载物　淡可定心　平可顺事

048　写给大学新生

048　沉默是一种境界

049　微言博语

第二部分　站在游戏之外

053　潜意识中的真诚幻想
　　　解析意识形态式画家潘士强的系列油画作品"白日梦"

055　让新世纪绘画披上科技的盛装
　　　画家董唯艺术作品的倾向性解析

056　因为繁杂所以简约
　　　栖息在青年油画家胡继宁的"瓜棚"下聆听暗香

057　艺术之后的艺术／穿越异度的暗示
　　　　刘延明油画的艺术特征

059　戏剧性：一种心灵意识的真实
　　　　吴威油画创作摭谈

060　艺术的时代呼唤
　　　　油画家潘士强"白日梦"主观真实性的品牌价值分析

062　随心而所欲
　　　　丛如日《变奏》为代表的艺术系列作品观后感

063　语汇的姿态
　　　　感悟画家尹宇宁心灵语境下的艺术表达

064　笔意墨趣，透显情态韵气
　　　　青年书画家许洪林及其作品谈

065　一种情态自由的"朗诵"
　　　　悦观 Nouria EL ALAMI 女士的异文化表达

066　在情韵中既往

066　个体世界主义音乐时代的崛起
　　　　解读梁旭实验音乐的超现实性的心灵倾向

068　经典新风貌
　　　　黄琦雯音乐及个人品牌价值释读

069　不落的梦想，爱未眠
　　　　刘芸畅《爱未殇》小说序

070　"造梦"战士的成长宣言
　　　　刘彦君和他的动漫创意文学作品《光能幻影战士》

072　环绕新民族音乐气质的庄美
　　　　气质——新民族中国演唱会

073　心中的圣火永不熄
　　　　2008 鸟巢"不熄的圣火"大型国际文艺演出盛典

074　最音乐：金培达的电影音乐

074　走过的爱就是一首难忘的歌
　　　　和钟梅一起"透视爱"

075　哥们儿——牛

077　顺其自然
　　　从宋协民先生的诗性摄影中感知窥见
078　美丽的快乐是从心里生长
　　　著名影视演员方青卓快乐的心生活有感
078　在寻找的路上
　　　中国人民大学艺术学院教师设计展前言
079　让中国文化因设计而时尚
　　　中国人民大学艺术学院赴韩国釜山大学艺术作品交流展
080　理疗一种
　　　小题大做或大题小做的设计素描课教学展
081　中国演艺市场之现状说
084　对我国动漫产业及动漫教学的思考
086　2013—2014品牌中国艺术年度人物获奖推荐词（选）
089　RRC首届中国艺术年度人物暨杰出青年艺术家颁奖词
090　2014品牌中国年度人物颁奖词（选）

第三部分　思想的装置

093　中国首部国粹京剧新生传播剧《排练场》创意构想纲要（节选）
096　中国首部舞台功夫喜剧营销推广全案（节选）
099　抒毫辉煌
　　　中国书法家协会与日本书法家协会建交二十周年展演大典活动策划构想案（节选）
101　江北水城流映梦幻 运河古都写意情态
　　　水上古城旅游开发概念性策划（节选）
106　养老新概念　亲老新主张
　　　XX省"养老公社"策划案（节选）
109　从"功能城市"走向"文化城市"
　　　XX古城旅游品牌战略与营销策划案（节选）
116　《成事在人》电视栏目策划方案（节选）

119	创建艺术全新概念　展现跨界新锐价值
	打造"中国公共青年艺术家"活动策划构想案（节选）
122	大学生设计作品拍卖交易操作实施案（节选）
124	艺术青年人创业孵化项目计划构想案
	"白日梦"艺术经纪咖啡厅（节选）
128	广州××中学文化战略与品牌建设概念案（节选）
137	李宁"魔法传奇-魔幻之旅"宣传案（节选）
138	电影《青春真好》宣传片案语
139	艺人品牌定位策划（节选）
141	为你开启的门
	《艺术门》杂志创刊辞
142	文化艺术项目败局评录简要

第四部分　带着思绪狂奔

145	诗意时光
163	密谋人生
175	和策划发生关系
181	艺术游戏
191	白日梦
199	和教育谈谈
205	**后记**

第一部分　在冥想的语言里

一个时代的风华

有人认为,策划文案若是与浪漫沾边就必死无疑,文案的浪漫会搁浅理性思考,浪漫与商业性文案根本搭不上半毛钱关系。

我们真的了解浪漫在文案中的价值吗?

难道浪漫真的是商业文案的大敌吗?

在我看来,好文案首先应该以崇高浪漫的情怀为理趣,以阳光的心境为前提,应是以诉求准确和表达到位为旨意的有效需求,是理性思考中的一种全新生动的思维表现形式,是用真挚情感的画笔不吝为主题画面渲染的对比色,使主题更加精彩且妙趣横生。而绝不是什么小资闲情的意趣,也不是写作人笔下无聊、纤秀的游戏,更不是思想表现中的琐碎而飘曳的浮萍。

想想看,我们之所以会为一段故事而潸然泪下或被一则揭示人心理活动的煽情表达而动容,这是因为我们被其中彰显的情感所感染或是被文字的生动描述而感动,让人感同身受而形成一种带有非显性情感诉求的强烈共情与冲击。这是来自一种浪漫主义心境的表现方式,是一种心灵的共鸣,如情人间温婉的表白、朋友般惬意的交心、亲人的知心引导,完全没有对立,是入心的。

策划文案是一种心与心的沟通,是文字与人交流的方式,会让人领悟到策划人殷殷的真诚,并感受到异样的创意与对愿景的期盼。这些,就像一粒种子,被策划人播种在心灵深处,只要有阳光雨露的滋润,就会生根发芽。而这种阳光和雨露,恰恰来自文案作者内心真实情感之大境界和文案本身的力量,并使之具有无声的商业价值。

反之,那些虚情假意的勾引并不是浪漫,我们经常会看到虚假广告煽情的表达,那些只是不怀好意的调情,浮萍华丽的辞藻不是浪漫,只会给人一种泛情感;毫无温度的、强硬的理数说教更无浪漫可言,只能让人感受枯燥和冷漠。

我们行进在一个新时代,精神和感受是这个时代的文化特征,同时这个时代的接受文化具有时代的崭新风华,只有人文关怀式的文案,才会经得起情感的考验,才是真浪漫,才能彰显文案的真实价值。

有性格、有气质的文案,往往是属于那些拥有质朴清纯性格和浪漫气质的创作人。恰恰这种性格和气质是自然而然且依天性而成,凡是追功逐利、虚情假意只能削弱这种天性,因为浪漫不是刻意追求就能得到的。它需要有对自然、对人、对事物、对产品的深深的喜欢,只有用心去发现、去挖掘的时候,才会悄然升起一种带有浪漫气息的力量感。

所以说，文案的浪漫是文案创作者在崇高心境中的一种灵性的涌现，是其真情实感的自然流露；浪漫在文案中的价值是隐性的、情态的；浪漫在策划文案表现中是崇高而美好的风华，也是动人的。

诗意的表达

非常喜欢海德格尔的一句哲学阐发："诗意地栖居在大地上。"诗歌是源于对浪漫生活的追求，也是来自对"她"美的感知。在诗人眼中的生活是这般美好，有"人生得意须尽欢，莫使金樽空对月"的淋漓洒脱；也有"开轩面场圃，把酒话桑麻"的宜情闲适；更有那"人有悲欢离合，月有阴晴圆缺"的凄切愁绪。

在诗人眼中即使是在极其简朴的生活条件下也照样可以寻找到诗意的存在，"静室焚香读好书，饮水饭蔬差可乐，妻儿休叹食无鱼"。看来只要有好书伴手，有佳偶相扶左右，即便无鱼无肉，也是"夫复何求"的大境界啊！生活中到处都有诗意的存在，而诗人总要有一双发现美的慧眼，即便身处困顿、生活简朴，有诗意的人也能寻找到那简单闲适的快乐。

反观当下那些忙碌的现代人，快节奏的生活中缺少了诗意人的淡定与小情趣，人们在为生计和功名利禄而奔波，满心满耳充斥着对社会阴暗面的揭露与批评，而对于美的发现和欣赏却变得越来越刻薄，甚至形成了一种审美疲劳。美也随之畸变成充满奢华、炫目的时尚，而在这种奢华的背后，又是什么呢？只有蜷缩的"空虚与无助"伴随着一种被叫作"寂寞与挣扎"的灵魂。

诗意是一种优雅的生活态度，它引领我们用心去感悟身边的美好。这种优雅来自心灵的纯善，它是对人生无限的热爱与赞美，它源于对生活细节的追求，而这种追求并不是简单的奢华表象，也许仅仅是书桌上一盏设计考究的台灯，也许只是一本贴心的好书，也许就是一缕茶香和三五个挚友，诗意就会以一种宠辱不惊、从容不迫的气度浮现到你的灵魂旁。打开你所有的毛孔，用心灵去拥抱生活，用真爱去渲染他人，灵感和诗意自然就会源源不断，这才是一个艺术家真正应该拥有的深邃情怀。

诗意也是一种质朴的生活方式，用一颗简单的心去亲近自然、去欣赏自然之美。珍惜每一个阳光明媚的早晨，用心聆听城市的脉搏，问候每一次黄昏的落日，你会发现每一天的自己都流淌着新鲜的血液，每一天的世界都发生着奇妙的变化，而这些也正是诗意的存在与创作的源泉。简单是一种化繁为简的力量，把复杂的世界简单化，卸下心灵的包袱轻装前行，生活不过如此简单。

那些浪漫的情愫

我迷了路，心是灰暗的森林，泪水是混沌的溪流，找不到穿越森林的路，找不到心灵归属的那栋小屋。

我迷了路，迷失在这钢筋城市灰霾的天空里，人潮涌动的街头找不到那种逝去已久的安全感。

我迷了路，走失在这千篇一律的表情里，虚伪的面具是我的伪装，伪善已是常态，只有在月朗星稀的夜晚，才能让我敞开心扉。

背负了太多的梦想，肩膀变得沉重，心开始凌乱。我迷了路，独自寻找着，寻找一份心灵的寄托。

迷路的心境对于每个人来说可能都有所体会，尤其是那些追寻梦想的人，人生总有迷失方向的时候，如果预存几分浪漫的情愫在骨子里，在奋斗中体验着每一次成功的喜悦和失败的挫折感，这种挥之不去的情感累积在心头，久了就会形成一种表达的欲望，这种欲望的宣泄就形成了文字，散文和杂文更是最适合宣泄情感的表达方式，它是一种情感的寄托、心灵的释放。所以说，写作是"高技术"时代里的一种"高情感"平衡行为。

掌握一定的写作技巧，对那些热爱写作的人无疑是首要任务，通过一定的写作技巧的训练，可以起到事半功倍的效果。

首先，可以师法生活。生活是一个大熔炉，也是一个大学堂，为我们提供了取之不尽的创作源泉，人在生活中的喜怒哀乐、悲欢离合，甚至是鸡毛蒜皮的家庭琐事都是我们写作的生动素材。人生和自然的规律中蕴含着曲折美、幻化美、节奏美；"蝉鸣林逾静，鸟鸣山更幽"，常见的景象中包含动与静相辅相成的艺术辩证法则，为我们提供了无穷无尽的素材。

其次，要学会阅读和借鉴。古今中外多少文人墨客留下的经典作品都是我们可借鉴的绝佳教材，甚至可以学会跨界融通，从音乐、舞蹈、美术等门类中汲取灵感，其中也许会迸发出别样的火花。但要注意这样的"拿来"并不是毫无保留的"拿来"，而是要认真分析经典作品里的思想内容和写作技巧并为我所用，通过这种借鉴融入自我的真实感受和发现视角，逐渐形成自己独特的写作风格，这才是更高层次的"拿来主义"。这种训练不仅潜移默化地提升了写作技巧，而且还修炼了自身的文学底蕴。

最后，就是要经常练笔。清人唐彪写道："谚云，'读十篇不如做一篇'。盖常作则机关熟，题虽甚难，为之亦易；不常做，则理路生，题虽甚易，为之则难。沈虹野云：'文章硬涩由于不熟，不熟由于不多做。'信哉言乎！"多写能熟，熟能生巧，只有通过不断的练习才能有所感悟、有所提升，并慢慢体会到写作带来的快感与乐趣。

掌握了写作技巧，只不过是踏入写作殿堂的第一步，艺术的生命在于创造力，对于文学也是如此。对于一个有才华、有抱负的作者来说，他需要有自我实现的决心，还要有独特的洞察力，具有辨别新颖的、独特的、个性的原生态以及被隐蔽事实的事物或现象的敏锐知性和感悟力。灵感并不是缪斯的赐予，作为一名创作者，只是坐在那里等待着灵感的光顾，这是愚蠢的行为。灵感源于日常的思考和积累，积累得越深厚，触发灵感的闸门就越灵活，也许只是生活中的只言片语，或许只是一个影像、一个故事就触发了你大脑中的存储器，你所需要的素材瞬间完成了组合，笔下自然犹如神助。可以说，灵感是知识的积累、是心灵的沉淀，是在经过长时间的静悟过程中的意外顿悟。

寻找杂文的根基

杂文是什么？杂文不是政治学，也不是社会学，更不是历史学。杂文是什么？杂文是一部百科全书，当然，我这里说的是经典的杂文。杂文是思想火花的碰撞，它凝聚着作者对生活的深度思考与总结，它书写着人性的伟大与渺小。所以读一些杂文可以增长智慧、明辨是非，至少可以带给你新鲜的观念和不同的思考模式。

杂文的根基在哪里？文学是文化的一部分，比如树有枝与干、有同根。文学与哲学、宗教的不同是枝与枝的不同。文学的根，也应该是人类与生俱来的困境，杂文便是在这种根基下孕育而生的。对困境文学比其他学科更敏感，作者以独特的视角寻找着解决困境的出路，不仅用思考，更要用观察，不仅重可行实际，还重似乎不可能的愿望。

所以，生活是杂文最直接的源泉，是对生活、对人生的不断拷问，在不断寻找解决困境追寻中形成的创作灵感。只要你打开各种感觉器官，用心去感受自然的呼吸、生活的脉动，就一定能找到创作的源泉和创立思想的根基。

创作一篇杂文首先要学会自圆其说。杂文本身就是一种自我观点的表述，无所谓大是大非的对与错，但一定要言之有物，有自己独特的观点与解读，这样的文章才生动，主旨才能思想深刻、发人深省。若文章的观点连你自己都无法说服自己，那又如何去感染读者，让别人去信服呢？不管你的观点多么与众不同，只要能够自圆其说，那就是一种独特的见解。

可以引用别人的观点，但不要被别人的观点所牵引，歌德说过："凡是值得思考的事情，没有不是被别人思考过的；我们必须做的只是试图重新加以思考而已"。所以，只有形成自己的观点那才是你的文章，否则你所作的只不过是在前人的树荫下打盹而已，毫无意义可言，最多只能算是一种复制与重复。

杂文是一种短小精悍的文体，所以切记不要长篇累牍地记叙，它应该像一把犀利的匕首直刺问题的要害，鲁迅的杂文就是很好的诠释，他文章中的每一句话都精而又精地直刺问题的中心，给人以醍醐灌顶之感。所以这就需要我们修炼一种高度概括和总结的能力，用简短的语言去表述最精准的思想，使文章充满智慧的力度。

面孔如花　人物评论中的个性表达

人类个体之所以具有唯一性，是因为每个人都有与众不同的气质和独特的个性。一个人的可爱之处，体现在生活的细节和不断变化的面目表情之中。一个人有一张面孔，面孔如花，微笑的眼睛、幽怨的眉毛、似喜似忧的鼻梁、会说话的朱唇、转动的颈部，在这里，重点是脸部，尤其是面部表情，都集中了人体全部表达功能，因为面孔是心的自然。

所以在艺术作品中，无论是绘画还是文学作品，面孔就成了艺术家最愿意着力表现之处。而我们在写人物评论时，脑海中总会浮现出评论对象的脸庞，这种面孔的再现让我们在写作中得到一些生动的灵感，这些灵感让我们笔下的人物鲜活而生动起来，减少了刻板或苍白的记叙。从生动的面孔中你会回想起和他在一起的场景，他的一颦一笑，每一个眼神都会慢慢展开，进而，你才能回想起他说过的那些话，陈述过的那些观点，甚至一个微小的细节打动了你，这些都是人物评述中不可缺少的素材。

如，我在和影视演员方青卓的接触中，最能直接感受到的是，快乐是她生命中不可缺少的元素，在她的眼神中、在她的言语中，我都能被这种快乐的气场所感染。快乐已经融入她生活的方方面面，深入她对生活的解读，我想正是这份快乐的心境让她在艺术的道路上越走越远；也是这份难得的心境，让她拥有众多粉丝的支持，而这些不正是我应该传达给读者的吗？所以，在写方青卓的人物评论时，我就从她动感夸张的表情入手，挖掘了她快乐的内心属性，并进行深入的评论。

人物评论可以用多种手法，可以正面叙述与评论，也可以采取先抑后扬的手法。例如我在对作曲家乌兰托嘎老师的评论中并没有在一开始就对其大加赞扬，而是使用了一种先抑后扬的手法，当然这种抑不是故意的贬损和诽谤，而是一种符合人的认识过程中由表及里的思维方式。认识一个人不可能从一开始就看到他(她)的全部，甚至会因为对外部的第一印象偏差，而产生错误的认识和解读，这是可以理解的。而在文章中这种认识的变化会让读者跟着你的笔触一起去探寻一个人的心灵世界并产生一种期待感和新鲜感。

从细节入手，每个人都有不同的性格和嗜好，没有一个人是相同的。所以你的人物也不应该是千篇一律的面孔，不应是文字的堆砌，个性的表达来自对细节的观察和描述。你可以通过与评论对象的聊天、交流，和他成为朋友，得到一些生动的素材，还可以通过阅读他的传记或一些采访资料来充分了解一个人的个性和他的思想，让这些鲜明的个性，在你的笔下绽放出生命的色彩，也是作为读者从你的评论中所希望得到的阅读享受。

创意者的思维空间

创意是一场梦，一场属于所有艺术创作者绚烂的梦，他们在梦的空间里寻求与众不同的火花，却发现创意的空间并不如想象般广阔。创意需要空间，建筑大师莱特曾说："空间是艺术的呼吸"。

赖声川指出，就像原子弹的核裂变需要一个空间才能产生，培养新"看"法的预备动作，先扩大自己内心创意可能发生的空间，允许新的可能性的介入。但是很多时候，我们总是被事物既定的标签所阻挡，大部分艺术家都只是在搅起或倒出一些习惯性的东西，并无创意。

无论你是艺术家还是策划人，首先要做的就是完成自我的转化，为思维拓展一个更广阔的空间，要学会做"白日梦"、学会"节外生枝"、学会"黑白颠倒"、学会"画蛇添足"，突破常理，天马行空，重新定义事物与事物之间的联系。可以说做"白日梦"是创作者释放内心潜在能量，重新认识自我、认识世界的过程，只有当一个"点子"被释放，让它在我们脑海中自由组合，事物的传统标签被去除，才能重新组合激荡、碰撞出新的创意。

真诚与幻想是艺术的基本特征，如何去看待事物，用独到的艺术触觉去发现事物本真所蕴含的美好，这就需要艺术创作者在艰辛的创作过程中不断完善自己的世界观，用真诚的态度去探索，用更宽广的胸襟去吸纳，幻想基于生活，所以真诚的创作者都有正确的人生观做自我导师。

海明威说过，一位好作家关键的才华就是体内装有一台防震的测谎仪——就是作家的雷达。所有伟大的艺术家都会有，就是说我们在看的时候要放下自己，站在相对公正的立场上，抛开偏见，才能得到"看"的能力，才能拥有最纯净的判断。艺术源于生活，我们首先应先学会如何判断、如何真诚地面对生活，才能有更高层次的幻想和创造。

倘徉在艺术的殿堂，追寻生活的真谛，我们都只是最虔诚的学生，让艺术之美在平凡中绽放，清除内心杂念坚定地走下去，给自己的思维打扫出一个崭新的空间，我相信这将是一场无与伦比的梦中新空间创意旅程。

文字的交响

有人说文学是一门抽象的艺术，是关于语言的艺术。其实在我看来，文学是一种充满魅力的发现之旅，你所要做的是随时随地记录，去探究更深远的可能性。

走进大自然中，你会发现最打动人心的东西，并不是什么轰轰烈烈的壮举。四季的更迭、飞鸟的低鸣、晨间的露珠，或是一丝清新的空气都会带给我们心灵无限的畅快与感悟。而这些最平实、细微的事物，却往往蕴含着世间最宝贵的真情。

安静地处于大自然之中，回归本真的自我，相信大自然回馈给你的不仅仅是舒畅的心情、健康的心态，创意会与你不期而遇，正如创意才女李欣频所说，做自己生命的采集者、冒险家、救世主、革命者、先锋队、预言家、造物主，每一天为自己的梦想做一次尝试，实践一样新的事物，创造独一无二的自己，融入自然中去、融入生活中去，寻找最鲜活创意的源泉。

创意是一种态度，一种积极主动的态度，更是一场跨界的交响，我们需要从不同的学科和艺术门类中汲取营养。优美的交响乐看似只是几个简单音符的排列却融入了作曲家超强的排列组合能力与丰厚的情感表达，以及多种乐器合作的声效。创意者所作的不仅仅是将原始的素材简单地组合，而是需要重新地解构，给普通的素材注入交响的情感和新意。

当然，对于解构的认识，必须从认识事物的整体与部分开始，要学会化整为零，重新了解整体，知道什么叫作完整。无论是做大的创意，还是小的调整，创意的手法多么琐碎，任何好作品都需要完整地表达。遗憾的是，我们社会"碎片化"的现象日趋严重，网络的介入更是带来了大量不真实和无用的信息，这使得我们的世界变得虚拟起来，甚至被碎片包围着，这让我们很难看到事物的整体。

我们要用心去创意，不仅仅是用眼睛和耳朵，不要看到事物的表象就轻易地给它挂上标签，要求深究它背后的联系，学会跳出来，用新的方式去解释、去表达，用整体的思维去整合，相信我们想要的东西就会浮出水面。

开启你的心灵，让创意的交响奏出华美的乐章，你不是一个机械的组合者，而是一名指挥家，让平凡的组合在你的指挥下迸发出更炽烈的交响火花。

创意可以很简单

创意才女李欣频说："创意是一种态度，一种对生命的主动、积极、自主的态度，而不是某类行业、某项职业或是某种环境。"生活纷繁复杂，有太多的细枝末节会阻碍我们、影响我们。作为创意者，最佳的状态是找寻到最初的创作冲动，化繁为简是我们每天都在做的功课，可是究竟有多少人能真正抛开杂念，做本真的自己呢？

每一个人、每一种空气、每一段文字都有存在的意义，只要创意人敞开心扉，打开搜索的闸门，就会发现我们从来都不缺乏好点子，而我们往往把简单的事情复杂化，所以灵感的嗅觉变得茫然和迟钝，自然就难以找到生动的创意。最有说服力的文案一定是有时态的，有时代的气息，而这一切则来自对社会的洞察和用心的发现，很多人在不经意之间的话语或是一个不经意的见解，其实就是最好的文案的元素或主题。善于从细微处洞察，把复杂的事情简单化，你才会成为创意的高手。

当你的观点聚焦，心中不再有任何模式化的特定观念，就可以洞察事物的原貌。把观点发散出去，保持专注就有可能看见事物发生或运作的因果，这是赖声川教给我们的观察方法，也是一种生活的哲学。创意人应抓住当下，一切的创意就在当下，用专注的态度去探求，好创意自然会喷涌而出。

当下的那一刹那并非外在，而是一种心灵状态，这是佛法里对当下的解释。这对于创意人也是受用的，我们应该把握好每一个当下，用开放的心灵、积极主动的态度去寻找事物的源头，那才是最接近创新的点，你才能有更大的跃进！

向最好的自己迈进，发现人生更多的可能性，将线性化思维进化为立体化思维，学会全方位、多角度地思考。最好的创意其实并没有那么复杂，它就像一枝开在深谷里的百合，等待着你去采摘，它永远散发最动人、最美好的芬芳。

个性化定制

电影《盗梦空间》里有一些经典的概念：造梦者能创造出现实不存在的场景，甚至可以建造整个世界，这新世界改变了现实世界的物理规则，改变了重心；纯粹的创造不必管律法和重力与阻力，只要他不害怕做更大的梦，在创作的世界里，只要想得到就做得到。

创作的空间，没有规则可言，我们应该学会打破固有的思维状态，学会去创造，学会在创造的空间定制自己独特的规则，敢于做梦，做更大的梦，发现更大的可能性，勇于做规则的制定者，与平庸保持距离。平庸是空气中的沙尘，只要你不注意，只要你有一丝的松懈，它都会覆盖你闪光的创意。

文案也是一种个性化定制，但却比绘画艺术来得更抽象，作为文案的创作者，我们需要在简短的词句中囊括所需要的信息，甚至还要充满个性，这更加需要我们寻找更多的关联性，甚至挖掘出和主题相关的故事，找到能够发展和延伸的线索，最终才能形成有角度而又准确的个性化文案。

打破既有的联系，发展新的联系，让抽象的文字生动起来，文字的准确才是生动的，你应该学会去驾驭它们，让生活的肌理映射在文字上面，但创意的构想需要被排列组合成实际的形式，而不是简单地重组。

我们要回答的问题是，"内容是什么，位置在哪里"，任何作品都面临着这样的问题，一则广告、一份企划书、戏剧、小说、诗歌等，我们首先要弄清楚受众需求什么，我们究竟想要表达什么，然后再安排如何组合这些细枝末节去表达。所以我们必须在表达前构建好丰富的内容，制定好总体框架，才能让个性化的表达有坚强的支撑。

文案写作是带着镣铐的舞蹈，也许这有些残酷，但只要你掌握了其中的规则和个性化订制，生动而又新鲜的大门就会永远为你敞开，你的文案必将大放异彩。

演艺之外的"演艺"

所谓演艺营销策划，包含演艺产品的市场调研、产品分析、概念确立、诉求定位、价格制定、渠道类型、推广策略（广告、人员、宣传公关、促销）、营销计划及预算等。

演艺营销，首先要对演艺产品进行同类比较和市场分析，而后，找出主题概念和产品的受众，对作品自身进行品牌定位，并制订推广策略，通过相关的包装、媒体策划、商业资讯及事件营销等推广、制造，有观点、有内容、有力、有声、有节奏地出击，从而引起受众的关注和购票冲动，以此产生消费。

一般而言，在演艺策划过程中，通过"新闻制造"和"制造新闻"等行之有效的包装宣传和演艺推广，进而将演艺产品推向市场和公众。

"新闻策划"，是建立在对作品或艺术家的个性特征深入探究的定位分析上。而这种新闻，必须是经过策划人理性判断后，策划发生的而又顺其自然的娱乐事件，并应以得人心和引起关注欲望为新闻要素，绝非无厘头的个人凭空捏造和娱乐造假及低俗炒作。

好的创意，首先要排空头脑中遗存的创意，在深入调查研究后，脱颖而出新鲜的创意。这个过程看起来一点也不浪漫，甚至是枯燥无味的，但如果你真正地了解了一个演艺产品从创意到完成的全过程，感悟到艺术的魅力和特质，便会产生一种震撼和冲动，一种"浪漫"的创意就会油然而生。

策划人如果能有这种内心冲动的浪漫，相信你的策划灵感就会升现，并用你的执著和自信，创作一场比舞台更大的市场"演艺"作品。

所以说，演艺营销是策划人在演艺产品之外的又一次盛大而精彩的"演艺"。

我始终坚信，演艺之外的演艺，是艺术中的艺术、浪漫中的浪漫。因为在这个过程中，我们的策划，不仅被艺术的伟大而感染，同时也是经过策划人自己的智慧和情怀的使动，让美好的艺术作品更具演艺性的传播。

演艺营销策划的使命，就是让演艺之花盛开得更美好。

融合很精彩　舞台剧《排练场》策划手记

京剧，这枝盛开了200年的国粹艺术之花如何让这个时代的青年人接受？这是我们面对今天京剧现状的时代思考。

在不断地探索中，很多人做出了不同的尝试，这些尝试或成功或不成功，都为我们提供了有益的借鉴，同时也给予了我一种视角的拓宽和思路的升华。

如何寻找到一种新的演艺形境与态势，让这个时代的年轻观众接受京剧，而又不丧失传统京剧的原汁原味？

当下，小剧场话剧颇受青年人的青睐。那话剧和京剧能有结合点吗？能激出创意的火花吗？它们之间的碰撞与融合是否会产生一种化学作用？而这种化学作用又会不会产生副作用？观众能接受这样的嫁接吗？

京剧的唱腔和美轮美奂的表演，让人着迷，这些美妙的表演背后凝结着演员多么艰辛的排练。都说台上一分钟，台下十年功，那这背后的排练究竟是什么样子呢？

一个念头油然而生。

观众应该会对演员们幕后的排练感兴趣，而排练和幕后的生活往往是最生动、最有戏剧冲突的素材，这难道不是京剧与话剧的绝佳融合点吗？于是排练场的大致创意由此产生。

一个创意瞬间萌生。

演员的幕后排练是一个琐碎而又繁杂的过程，我们不可能把它的全貌都展示给观众，也不可能不经过加工就直接展现在舞台当中，这是个去粗取精的过程，我们必须提取出其中最能展现演员排练过程中最艰辛、最富有戏剧化的一面展示给观众，而这个过程又必须是生活化的、贴近观众的，只有这样才能使演出效果生动而又充满趣味，当然在其中还要展示京剧艺术的独特魅力及戏剧常识的普及。

经过细致思考不断整合，敲定了现在的舞台模式，确定了以排练场为选题，并以"排练场"为名。

创意的产生就是在不经意间，它看似是一个很复杂的过程，一个看不见琢磨不定的过程，其实这一切的一切都来源于我们对策划对象的深入了解，深入其中你才能真正了解它的独特之处。

接下来，要思考的是，怎样用一种浅显而有趣的方式感染大众，那些古老而又经典的艺术并没有失去本真的魅力，而是它离当今的生活、离我们的社会热点太远、太远。艺术的感染力在于它与欣赏它的人之间形成的一种共鸣。这种共鸣，让人为它触动，这完全是一种强大的艺术感染力所为，同时也是一种美妙的艺术体验。可是古老的艺术由于年代的久远和岁月的流逝让人们再也找不到那种共鸣感，所以它慢慢失去了市场、失去了年轻受众。我们要做的工作就是寻找古老艺术与现代艺术的契合点，让它焕发出新的魅力，当寻找到新的共鸣点，就一定会有更多的人接受和欣赏。

随着现代技术的发展，我们已进入了瓦尔特·本雅明所说的"艺术的机械复制时代"，这是一种"表面上的艺术繁荣与内在艺术精神的枯萎并行，这就是艺术界内的状况。艺术已经失去了作为神话或仪式的力量，也失去了不可复制的个性化特征"。所以，我们演艺策划人需要一种全新的方式为艺术创作注入创新的元素，它可以是跨界的融合，也可以是原有基础上的突破，即便博大精深的古典艺术也可为这种探索注入新的元素。

通过这种融合与创新，以剧中剧的形态表达，让观众真实体验到京剧排练场的现场感，并通过京剧排练所发生的故事及导演的说戏得到了京剧的大众性娱情普及，这将会使我们的古典艺术焕发崭新的艺术生命与光彩，期待这种创新催生出更多、更美的艺术作品。

感受跨界　　抒毫辉煌庆典晚会策划手记

创作思路是这样的，在艺术策划中如何做到跨界思考，这其实并不是一件容易的事情。

首先，跨界并不是简单地拼凑，生硬的拼凑只会产生奇怪的结果，它让人不知所云，更没有美感可言。只有寻找到一个契合点，这个点可以像一根主线串联整体，使之不会产生碎片的生硬和突兀，引爆激情的创意。

其次，就是中国元素的应用。从《辞海》上看，"元素"是一个现代用语，是今天中国人喜闻乐见的形式，也是人们表达意见的方式，语言是图腾，符号也是能让人感知的信心，它不是简单的中国历史和传统。中国元素凝结着中华民族传统文化精神并体现国家尊严和民族利益的形象、符号或风俗习惯。书法、诗歌这些本身就是浓厚的中华文化的一种符号、元素，如何让这些元素"混搭"出别样的风情并体现出强烈的民族自信心和自豪感又是本场晚会的一个亮点。

古人有吟诗、朗诵、歌舞的习惯，在笔墨书写的韵律中朗朗诵读，是多么富有诗情画意的场面，更是具有中国美感的元素。晚会将这种美感放大融入表演现场，形成了别样的风情。整个晚会以古诗咏唱、现场书法展演及模特儿授佩书法家作品为表现形式，以喻意和象征为主要手段，并加入表达中国传统文化的演唱及书法意味的舞蹈；舞台以颁奖盛典为形态，让观众随着音乐的旋律，沉浸于中国传统文化的历史回顾及书法艺术的赏悦之中，从而达到了一种和谐的融合。

聆听经典　改革开放三十年晚会策划手记

改革开放三十年，我们的国家发生了翻天覆地的变化。

这三十年的变化不仅体现在物质的极大丰富，更体现在精神文化的多彩。在今天的演艺舞台上，流行与经典不断冲击着人们的价值观与审美观，可以说，人们的思想也经历了一个史无前例的大解放和大融合。

如何通过一场晚会来展现这三十年带给我们的大变革，如何展现这三十年里中国人民所表现出来的拼搏与奋斗精神？是用墨守成规的歌伴舞加串联词的老套路，还是独辟蹊径地选择一条创新之路？答案是肯定的，必须寻找到一条独特的道路，用与众不同的形式给广大观众带去一场独特的艺术视听盛宴，而它的总体基调应该是积极的、向上的，并能够引起观众的情感共鸣。

什么最能打动观众？那就是回忆，一些共同的记忆最能引起心灵上的共鸣。这种记忆也许仅仅就是一个影像、一个旋律、一段对话，这些细节也许很多人都已忘记，但只要再次重现，那将是一条激发情感共鸣的导火线，因为那些岁月我们都曾经历过，那些旋律、影像大家都是耳熟能详的。于是选择了一种新的方式，用点和面的组合与舞台的时空自由流转相结合，用我们流传甚广的歌曲、诗歌等做主线，串起整个晚会，使整个晚会达到了互动、有效地拓展及表演充分外延的目的。

改革开放三十年带给我们太多的惊喜与感动，也许一台晚会并不能将这些沉甸甸的情感展现得淋漓尽致，但希望这场晚会带给我们更多的感动，也带给我们更多的思考，这种思考不仅是艺术上的探索，更是对社会的思考。

营销的思考　　舞台剧《武林家族》营销策划手记

武林只是个抽象的概念，没有人见识过具体的武林，但它的传奇故事流传甚广，这故事里的事，说是也是，说不是也是，因此人们一直以为武林是个充满血雨腥风、侠骨柔情的地方，更是一个充满故事而又神秘的地方。

这么好玩而又刺激的元素，当然是艺术家不会轻易放过的。武林这个地方从一开始就不是个冷清的地方，从经典的文学作品到影视剧、武打剧，武林的十八般武艺可谓异彩纷呈。但是再新鲜的元素总有让人厌倦的一天，当我们对充斥在影视屏幕上打打杀杀的武林已经失去兴趣的时候，更需要一种新鲜的、另类的元素刺激观众的兴奋点，让武林的故事延续下去。

电视剧《武林外传》的出现绝对是个另类，在那个小小的客栈中，武林不再是血雨腥风的地方，江湖也变得不再那么深不可测。一切都变得那么的生活化，客栈里冷酷无情的佟湘玉变身为风情万种的老板娘，玉树临风的白展堂更是成为为人不齿的盗圣，再加上侠肝义胆的郭芙蓉，胆小怕事的吕秀才，这个江湖似乎也变得温情脉脉了。

《武林家族》就是在这样的思考中诞生的，期待它能给江湖这个古老而又神奇的地方注入时尚而又新鲜的元素。当各种武林的声音充斥荧屏、网络时，我们希望用一种最简单、最直接的方式让观众感觉到一种快感，这种快感来自舞台剧独有的魅力，它让观众以最简单的方式接受来自武林的喜怒哀乐，正如李欣频在文案里所说，"勾不到床，只好累。勾不到水，只好渴。勾不到爱人，只好哭。勾不到肥皂，只好脏。勾不到衣服，只好寒冷……我们必须以最直接的方式满足观众的欲望，并让这种欲望不断牵引观众，这就是我们的目的"。

如何把《武林家族》这台舞台剧做好营销策划，把消费者的观看、接受从影视中拉到舞台上，这是一个极大的挑战。首先通过各种形式和媒介平台，实现与消费者的心理沟通，最大化满足市场需求，以达到销售的目的，这是第一主旨；审视《武林家族》这台舞台剧的价值，进行市场细分和目标定位，这是演艺产品营销的策划精粹；同时明确有形产品和无形服务的重要性，建立好目标价格，积极把产品价值多渠道分销给市场，这是演艺产品营销的内容；传播价值是演艺营销的重要环节，设计好媒体宣传节奏和事件营销与口碑营销的推广延伸，组织好销售力量、促销、广告等其他工作，以使消费者所知，并产生购票行为。

让梦想延续　　大型国际文艺演出策划手记

百年奥运梦想的实现，让中国人无比骄傲和自豪。这个伟大的壮举，让世界对中国刮目相看。2008年奥运会从开幕到结束是短暂的时间，但在中华民族的历史上却书写了浓墨重彩的一笔，如何将这辉煌的瞬间凝固、如何将奥林匹克精神传承下去，这是一个永恒的话题。

北京奥运会闭幕式圣火虽然已经熄灭，但它带给每个中国人的骄傲与自豪，带给全世界的震撼与感动，它所代表的奥林匹克精神将永远点亮每个人的内心，它已经成为一种符号，将不断传承下去。奥运的圣火是永不熄灭的，它永远燃烧在全世界人民的心中，这就是2008鸟巢大型国际演出盛典主题的提炼，这次盛典是奥林匹克精神的延续，更是一场视听的盛宴。

如何寻找到晚会策划的主题，是这次活动带给我的思考。也许它就像学生作文中寻找文章的主题，主题往往就淹没在纷繁复杂的素材中，在各种各样的背景资料中，必须不厌其烦地读懂那些看似无用的背景材料。对于晚会策划也是一样，需要你有善于提炼的智慧，但是千万不要被纷繁复杂的背景材料吓到，其实你准备得越充分越有利于灵感的迸发，它会帮助你做出更加符合活动需要的准确创意，它会指引你前进的方向。这是一个去粗存精的过程，拨开层层的迷雾你总能发现闪光的宝藏，只要耐心地深入探究下去你就能发现无限的创意。

人的一生中总会有梦想。尼采说，生活就像一面镜子，在镜子里认识自己，我称之为头等大事，哪怕随后我就要离开人世，我们也是在不断认识自己的过程中寻找自己的梦想，它是我们不断前行的动力。奥运的梦想仍在继续，我们的梦想也在前行中不断清晰，让这个梦想指引着追梦的人不断探索，达到理想的彼岸。

城市之间　　城市策划手记

每座城市都有独特的气质。漫步在城市之间，我们总会发出不同的感叹。在这感叹之中，有的是发自肺腑的赞美，有的只是无奈。无论怎样，每座城市都在发生着变化，而这种变化，往往是来自城市领导、主管部门和策划团队的理念和水准。

城市策划，随着中国城市化的不断发展，逐渐走入我们视野。

城市化是社会生产力发展的结果，是工业革命的伴生现象，是工业化进程中社会生产力的发展所引起的地域空间规模的扩大；是农村人口向城镇的转移流动和集聚；是城镇经济在国民经济中居主导地位的增值；是城市的经济关系和生活方式广泛持续发展的过程。所有这些城市化的内容和过程，在当前及未来相当长的时间内，都将是我们城市经营者一件至关重要的大事。而在经营中，首当其冲的是系统而周密的城市品牌营销策划。

在城市间漫步，感受城市脉搏，寻找城市定位，打造城市名片，这都需要一个符合城市文化内涵的闪亮概念。策划者要以极端真诚的情怀，认真负责地和城市谈一场恒性的恋爱，深入她心灵的深处，了解她的前生今世及她的发展脉络与发展战略、目标，使我们与城市的心灵达到契合，并把这种感觉放大，置入人们的心里，让这座城市成为众人瞩目的焦点，让这座城市散发出迷人的光彩。这就是城市的独特 DNA，也是经过历史沉淀下来的文化品格。

在城市间漫步，为她独特的个性增添色彩，给她定制一个吸引眼球的经济发动机。这就是城市的魅力，是拉动城市消费的催化剂，也是带动旅游经济发展的助推器。为美丽的城市增添无限活力，这来自对城市营销战略的思考，其需要考虑到的问题是：

这座城市未来的主要目标市场是什么？这座城市的品牌特征是什么？我们该怎样去准确地营销这座城市？等等。我们在营销过程中，优势的表现必须十分明朗，其营销计划必须十分切合实际。

在城市间漫步，城市就是人化，应该具有优雅而又迷人的形象，或许温婉、细腻，或许妩媚、多情，又或许奔放、热烈，等等，让这种形象持续而又简单地展现在人们的面前，并让这种形象深入每个人的脑海、心灵，给人以体验式的新感受。

营销一个城市就像营销企业一样，因城市也是一个产品，需要有传播，也需要让人们充分了解、熟悉其优势和发展前景，从而形成这个城市巨大的信息流、资金流、物质流和人才流。

同时，城市又是一个大系统。它每天发生的事情是显性的，在这样一个信息社会，它的一些正、负面往往会在顷刻之间为人所知。所以城市的形象宣传，绝不局限于一时、一刻，是贯穿于城市发展中的每时每刻，城市中的每一位市民都是这座城市的形象代言人，城市经营者就是这座城市的文化大使，而城市策划人是这座城市形象特征的装扮者。

城市文化之殇　城市旅游开发概念性策划手记

欧阳中石先生说，各种事物有章有法地聚在一起，非常美好、和谐的一种现象就是文化。这种用美好、和谐的理念行之于一切，就是以文化之，就是文化的要求。

文化也是人化，尽管不同时代、不同地域的文化有其特殊性和差异性，但人类总体情感是大致相同的，就是对于美好与和谐的不断追求。一座城市也是这样，在对城市做策划时，必须首先考虑到这座城市的文化脉络和独有的人文气质，否则你所做出的方案就是无本之木、无源之水，根本没有根基的，更谈不上什么美好、和谐了。

20世纪美国城市学家刘易斯·芒福德就撰写了《城市文化》(被西方誉为区域城市规划的圣经)一书并精辟地指出："城市是文化的容器，专门用来储存并流传人类文明的成果。储存文化、流传文化和创造文化，这大概就是城市的三个基本使命了。"

而在城市化发展的今天，我们有多少人把它作为圣经来解读呢？如果缺少了对城市文化真正意义上的研究，我们就失去了对城市发展、规划、建设的逻辑性和历史必然性的基本关注,也就失去了对城市发展进程中所出现的新问题进行基本的判断和把握。因此,我们对城市化发展进程中出现的浮浅认识和茫然不知所措,正是我们缺少一门创新的城市理论学科所造成的。

这种迷失是可怕的,它将一个城市的文化发展脉络生硬地隔断,却形成了一个个看似时尚的工业复制品,难道这就是我们所追求的美好而和谐的城市吗?难道这就是我们所期待的"现代化"吗?显然不是。随着城市建设的纵深发展,具备鲜明特色的城市将不断脱颖而出,出现了中国软实力城市。城市软实力的核心体系是构建城市人文文化,这也是城市发展的原动力,没有人文文化的城市将缺乏凝聚力和发展动力。

在接山东某城中城的项目策划时,我在不断思索,如何对这座城市进行开发和包装,如何发掘出这座城市独有的文化特征?

该城中城是一个古韵与今风共存的城市,又是一个富有深厚文化底蕴的城市,黄河与运河文化滋养着这片土地。人们希望在旅游中得到一种心灵上的回归,这种回归不仅是回归自然,更是回归本真,是放松身心、释放自己。

必须升华出一种概念,让它区别于其他水城。随着后现代社会的"后物质"时代的到来,我们已经开始进入了一种"体验经济"时代。在感受时代我们应该让旅游者在旅游的过程中,获得不同的文化感受,这种体验会带给旅游者与众不同的情感体验。我把山东这座水城定位为一种外柔内刚的写意风格,她兼有中国古典女性的柔美,又有现代女性的独立与知性美,这种知性美来源于深厚的文化底蕴,这就是黄河与运河文化。正是这种文化让这座古城焕发出独特的人文气息,策划者所作的就是把这些看似零散的文化脉络整合,并形成一种整体的形象,让受众可以被她吸引,产生亲身体验的冲动。

整合之美 城市品牌战略营销策划手记

菲利普·柯特勒的品牌理论认为,品牌至少要向购买者表达出六层含义,即属性,表达出产品特定的属性;利益,给购买者带来的物质和精神上的利益;价值,商品制造商的某种价值感;文化,品牌附加或象征的文化;个性,和人一样,品牌传达出的与众不同的个性;使用者,品牌是购买这种品牌产品群体的代言人。

所有这些都表明品牌是个复杂的符号，因此，若将品牌看得太简单，品牌的市场表现就会很肤浅、很苍白，缺少魅力，因而缺乏竞争力。一个品牌具备上述六种含义就可以称为深意品牌，反之可称作肤浅品牌。因此在做品牌策划的时候，我们考虑的应该是从全盘的整体战略和产品的整体形象着手。

城市策划更是需要从城市的整体发展来思考。它是一个系统化、长期化的规划过程，而不能只顾眼前利益进行盲目地开发和建设。在对某城市进行品牌战略规划时，我并没有急于对这个地方进行主观的规划和提案，而是去了解这个地方的历史和风土人情，进行资料的收集和整理，我们收集这些材料的关键在于从这些看似并不关联而又琐碎的信息中发现有用的、值得利用的元素。在这个过程中，如果你是一个有心人，如果你还有一双善于发现的双眼，就会找到这座城的独特之美，这是你整个策划的最初的动力和源泉。

人的形象是多维度立体的组成，城市的形象也不能只有单一的一个维度，提炼出城市形象的各个维度是重要的课题。而我把这些维度进行了六个方面的整合，让旅游者可以从感官的不同侧面去感知、去体会这座城带给他们的与众不同的旅行体验，这种体验是循序渐进的过程，它符合人们对事物认识过程中由表及里、由浅入深的学习过程，从而让游人感受到一种连贯的、惊喜不断的整合之美，更让他们产生一种流连忘返和再次体验的新鲜之感。

另一种声音　文化产业园区策划调研手记

我们这些年对文化产业有一个基本的定义，文化产业是生产和销售与人们精神消费商品相关的产业。它有两个很鲜明的特征：第一，必须能够生产和销售，能够产生经济效益；第二，精神消费商品。

文化产业要发展，我们必须给文化产业一个可以承载它发展的平台，或者说，文化产业内容要通过这个平台得以孵化，成为孵化器，成为集聚区，最后形成一个完整的产业链，这样一个区域的平台我们称作"文化产业园"。从时间上说，最先有文化产业园区的概念，然后有文化产业基地，最后有文化产业集聚区。

文化产业首先属于经济范畴，其次才属于文化范畴。我们把文化领域里最有市场潜质、最可能产生效益的一部分拿出来，不是所有的文化资源或文化都可以产业化的。政府一直在强调，我们要大力发展文化产业和文化事业，这说明文化产业和文化事业是文化体制当中两个既相关联又互有区别的概念，不能混为一谈。所以文化产业首先要产生经济效益，我们把产生经济效益作为文化产业的一个鲜明特征。我们国家已经改变了文化搭台、经济唱戏的格局。

一个是文化产业，以经济效益为主；一个是文化事业，以社会效益为主。文化产业园恰恰是因为它积聚了最有市场潜质的文化资源在统一的平台下，才使文化产业园更像一个文化工业园，这样文化产业园才能做得饱满，才能够真正起到文化产业园的功能。

文化产业园建设中应注意的问题。

第一，中国的文化产业园建设之初大多数缺乏策划。策划，首要解决它的战略定位问题。一个产业园如何来做、要实现什么样的目标，一定要通过战略分析来制订它的目标，有一个好的定位，文化产业园才能走得顺畅，才有可能是事半功倍的。如果没有好的定位，那可能是事倍功半。我国很多地方文化产业园不注重策划，就是在建设当中舍不得花钱请最优秀的团队来为文化产业园做策划。这个文化产业园做什么项目，不做什么项目，除了确定战略目标外，一定要有一个鲜明的定位和价值观。但是我们部分地方政府在这方面首先是主导得不好。还有，一些企业现在很积极地做文化产业园，但是一般企业又做不好、做不完善，因为缺乏政府资源，文化产业也很难往前走。

第二，地方政府不知道如何建设文化产业园。各地以建工业园的模式来建文化产业园，这还是有区别的。文化产业是生产精神消费商品，带有很明显的精神消费商品的特征，如果不能够满足这些需求，文化产业园的发展和工业园的发展混为一谈，就会使得文化产业园背离它的初衷，进而走向歧途。

第三，有一些地方政府把建设文化产业园当作目前比较时尚的事情，却不明白怎样去做，政府在主导这方面的时候可能是急于求成，没有按照文化产业园的发展规律来做，这也会导致文化产业园走得不顺畅。

第四，文化产业园的资金环境。在投融资环节上，如何使文化产业园或文化产业项目更健康地发展，这也是政府的主要功能。有些政府注意到了，有些政府并没有注意到，所以它也成为发展园区的难点。

第五，不能把某一项的文化产业内容作为一个文化产业园区去发展。我们要求文化产业集聚，实际是要把某项内容的上中下游，围绕着产业链来做产品项目的设计。

单一的文化产业项目称它为产业园,更不能称为文化产业园。虽然文化产业园不是越全越好,但至少它不是单一的,应兼顾周边产业的发展。我们讲文化产业对其他产业有促动作用,一直强调文化产业的发展要对第一、二、三产业都有很大的驱动。每一个地区,只要是文化产业发展得好,其他产业都会有一个大的飞跃。这是一个很现实的问题。如果你只是做单一项目,比如说做古玩市场,就不能称为一个文化产业园,我感觉这很弱,实际是削弱了文化产业园的实力。还有一些地方把动漫这一很单一的项目也当作文化产业园去发展,我感觉这都是有缺陷的,基本上是一个误区。一定要把文化产业项目、相关内容尽可能多地集聚在一起,这些集聚是要相关联的,对于一些不相干的事情也不要全部集聚在一起。文化产业要求集聚,首先是企业的,同类企业的集聚,其次是相关企业的集聚。只有这样,产业链才会做长,就是因为产业链长,利润的链才长,文化企业实现经济效益的可能性才能得到保障,这就是做文化产业园一定要兼顾的特征。

第六,做文化产业园不要赶时髦,具备条件再做,不具备条件不要做。

第七,想通过文化产业园区做文化地产。如果从企业设计的商业模式或者是盈利模式来看,我们并没有对这种行为有太多的批判或责难,我认为应该深度思考一下。但是首先,做文化产业园与地产配套的同时,必须有文化的概念,或者我们称作文化项目、文化内容做支撑,因为毕竟是打着文化产业园的旗号。做一部分文化配套地产,其实是想通过文化地产盈利能力比较强的优势来融资,反哺文化产业项目,我认为是合适的。但是如果只是为了圈地,这就不合适了。不管是政府还是企业,不能打着文化产业园的旗号去圈地,去造一大片无用的房子,去通过非法、不合理的竞争做一大片地产,这是非法的交易。如果文化产业园都通过这种模式来盈利,那么文化产业园的寿命就会缩短。所以我们不能鼓励通过做文化地产来做文化产业园,这是很大的误区。

综上,对文化产业园区的建议如下。

(1)要了解文化产业的特征。我们不管是政府,还是企业家;不管是官员,还是其他人士,应有这样的思考:文化产业到底是什么?文化产业怎么来做?至少不要在误区里面走得太远。

(2)在建园区的时候必须请高水准的人,不要舍不得花钱。为什么一定要请高水准的人?其目的是解决视野的问题,有了宽广的视野,才能够把规划做好。建议政府和企业家请高水准的人,就是解决项目的创意、定位和战略。我一直认为,解决了战略和定位,基本上就完成了一半。

（3）文化产业有其自身的发展规律，这种发展规律如果我们按照经济规律来看，就是要尊重市场机制。在文化产业园的建设当中，通过市场机制来最有效地配置资源，发展产业园区。

（4）要重视专业人才资源。人才在文化产业建设当中，应是第一资源。人才分为三类：第一类是精神人才，这是最宝贵的；第二类是明星效应；第三类是经纪人。当今，我国的经济体制不是很规范，经纪人的管理也不是很规范。所以当我们发展文化产业项目，或者建设文化产业园的时候，要重视人才的培养和挖掘。

（5）文化产业是以知识产权的实现和消费为交易特征的，要重视对知识产权的保护。创新、发展在文化产业建设当中起着至关重要的作用。当知识产权在这个园区里成为主导项目的时候，这种知识产权的获利能力是非常强的，因为它是唯一的，因为它的需求是非常庞大的，因此它就可以高定价，它的附加值就会充分得到体现。所以，知识产权的创新和保护是文化产业园区、文化产业项目发展的一个不可或缺的条件。

（6）推动对外文化贸易，我们要建立以政府为主导、以文化企业为主体、以市场化运作为方式的工作机制，加强文化企业和商会、联盟、协会之间开拓海外市场的沟通与协作，加强知识产权保护和品牌意识，充分利用政府文化、旅游部门的优势，发挥驻外机构的作用，积极搭建对外文化贸易的平台，为文化企业进入国际市场铺设道路。

（7）加强教育与培训，重点是培养文化产业领军人物、专业人才。鼓励文化单位与高等院校合作举办研修班、培训班，鼓励有条件的大型文化企业、科研工作站与高校合作，同时，文化产业园和文化企业应建立实际性的相关专业研究中心。

（8）提升地产价值。就目前而言，地产是各级政府财政收入的主要来源，如果你这个地方变成了文化跟地产的结合，就完全不一样了，我们现在知道应该用文化产业提升地产，包括对文化地产、教育地产、旅游地产（不是打造一个高尔夫球场，平时就少数人在玩，根本就没有经济拉动作用。我们要思考怎样通过文化地产、教育地产、旅游地产拉动规模消费，拉动旅游）。我们要有一个完善的整体设计，要提升这种资源的利用效率，同时我们要完善综合商业配套。主题公园如果真能做好，是真正的高端项目之一，实际上我们没做好，却浪费了大量的土地。如果地产跟文化产业能够形成新的文化产业集聚，这就会形成一种新的产业集聚效应。

（9）文化产业展现出传统产业所不具备的特点和无法比拟的优势。文化产业以创意为源头、以内容为核心、以娱乐为宗旨，基本不消耗物质资源或者消耗很少的物质资源，是发展绿色、循环、低碳经济的重要着力点。文化产业具有广泛的关联度，增强文化产品的内涵，提升产品的附加值，延伸经济行业的产业链是一个大课题。

（10）文化产业能够成为城市商业竞争力提升的新平台。一个城市都要延续和挖掘城市的历史文化资源并以其作为发展的元素，要通过发展文化产业来解决城市历史文脉的延伸和历史文化资源的开发与创新。我们可以通过"活动经济"和城市文化旅游来丰富和拓展旅游资源，文化旅游不需要现成的资源，还可改变我们固有的商业就是卖东西的思维，可现在人们更多地需要体验和娱乐的消费。与此同时还可提升我们市民的整体素质。总之，文化产业可以成为城市商业竞争力提升的一种新平台。

还有国际化视野的问题、市场化视野的问题、专业化分工的问题。要让专家来解决专门的事情，不要让外行来做不是他内行的事情。这些都是建设文化产业园，或者是建设文化项目的一些关键环节。

创业之光　艺术类大学生创业公舍策划手记

各种创意产业园像雨后春笋一般，一夜之间涌现出来。重复建设和盲目开发，不仅没有起到发展创意产业的作用，反而是一种无形的浪费。

某区已经拥有了以传媒、动漫产业为核心的资源，文化传媒产业的周边氛围已逐渐形成，是继续其他动漫产业园的思路还是寻找一种新的思路？在不断地思索和探讨中，一种新的思路形成：这是一种借鉴国外的新的办公理念，这是国际理念的青年创业"工位式"办公区域新概念，及"一站式"创业服务政策和条件，真正为中国年轻艺术创业者的发展提供新鲜和有力的保证，真正帮助大学毕业生实现创业，利用人才优势推动文化艺术产业的发展。

这又是一种服务式办公室，重在"服务"二字，其后是"办公室"。之所以出现服务式办公室，也就说明这样的办公室需求越来越多。因为这不仅仅给年轻创业者带来了方便，而且也降低了办公成本，为创业者提供了良好的工作环境和交流平台。

可以看出，这个创业园区的规划并不同于以往，它不是简单意义上的创意产业的集聚区，而是用一种更人性化的服务与规划，以更加灵活的形式，带动整个文化产业的发展。它也将为文化艺术园区的规划提供一种新的思路、新的思考。

动漫产业策划谈

首先,动漫产业在策划中必须整体规划,要考虑到周围环境的匹配度,找出适合本地域发展的创意产业,所以,在规划前一定要做整体的评估与思考,盲目的建设不仅浪费资源更起不到应有的效果。

其次,我国的动漫产业应走出一条独特的发展道路,深挖中华文化的精髓,多出符合中国国情的、受大众喜爱的动漫精品,而不是一味地去模仿欧美和日本的动漫产品和发展模式,只有这样中国动漫产业才能走上良性发展的道路。

最后,要摆脱创意产业单一发展的模式,动漫产业的源头是系统策划,而非作品创意。综观国外动漫产业发达国家,把前期策划创意和后期运营推广作为产业成长的核心。为加快中国动漫产业的发展进程,并使其健康发展必须改变目前我国只注重动漫技术和表现的单一性现状,要在加强动漫技术表现的同时,更要注重在动漫的前期策划和后期推广方面下工夫。

守望老年人的精神家园 老年公社策划方案创作手记

每个人都有年老的时候,这是一种不可逆转的人生规律。

也许在我们内心中,都在担忧人生年老的到来,不是因为它是生命的终结点,而是那种难以言表的寂寞和面对孤寂的无助与彷徨,或者是面对疾病的困扰而少了几分生活的情趣和乐趣。这些都可能会是做子女的容易忽视的细节,老年人对物质层面的需求其实并不是很高,但他们更需要家庭的温暖和社会的关注。

老年人的心理是脆弱的,他们需要更加柔软的呵护,这种呵护像是守望一片田地,需要精心地照料和呵护。田地需要阳光雨露的滋润,心灵同样需要阳光和雨露,这种阳光是对生活的信仰和积极的心态,老年人需要这种阳光的心态去面对生活。

我国已步入了老龄化社会,养老已经成为一个社会热点问题,这是一个需要长期解决的问题,很多人在进行各种尝试,而这种尝试往往是对老年人居住环境和养生的思考,而缺失了对老年人心灵的呵护和关照。就像一座漂亮的房子,外表虽然宽敞亮丽,但家的温暖和情态的自由更重要。

所以说，养老项目的策划，首先要考虑的是老年人的心境情态问题，要考虑到老年人心理方面的感受需求，做更细致深入的思考，才能更加符合老年人心理和生理上的需求。

依据角色心理学说，在这个案子里，首先贯穿的是老年人的回归心理，人到老年后总会有种种美好的回忆，而这些回忆，恰恰是激发老年人情感和引发美好回忆的最好方式，也是让老年人心情愉悦的最佳方式。所以在这个社区的总体建设上以回归为理念，让老年人找回青春时代。在配套设施的建设上，以老年人曾经的时代为原型，加以发展性的建设，同时也从细节上考虑到老年人的各种需求，从细节上做足文章，细致到一条胡同、园庭的布局，细致到生活用品，等等。

同时还要考虑到周边的环境是否符合建设养老项目的需求。在做这个项目之前，曾多次去当地进行实地考察，当完成主题概念策划后，便以实践辅导课的形式，带领我的学生参与其中。在不断的思索与探讨中，大家积极提供方案，形成了不少好的想法，这个项目最终作为一个真实的案例交给学生去完成，其方案受到了开发商的一致好评。但由于土地开发面积和环境的限制，这些方案并未全部实现。开发商最终还是非常肯定了这个方案的创意。

品牌与传播

世界著名广告大师大卫·奥格威（David Ogilvy）就品牌曾做过这样的解释："品牌是一种错综复杂的象征，它是品牌属性、名称、包装、价格、历史声誉、广告方式的无形总和。品牌同时也因消费者对其使用的印象，以及自身的经验而有所界定。"

品牌的养成是一个循序渐进的过程，就像一个孩子的成长需要呵护与关爱，而市场就像浩瀚的海洋，充满了惊涛骇浪，这个海洋由红色海洋和蓝色海洋组成，红海代表现今存在的所有产业，这是我们已知的市场空间；蓝海则代表当下竞争少的产业，这就是未知的市场空间。那么所谓的蓝海战略就不难理解了，蓝海战略其实就是企业超越传统产业竞争，开创全新的市场的企业战略。现在又出现了绿海战略，实际上是互联网思维下的新策略。

作为品牌的策划者，我们当然希望自己的品牌能够顺利、健康地成长，但开创一片蓝色的海洋并不是一件容易的事情，并且蓝色的海洋也并不意味着完全没有竞争。

相对于竞争激烈的红色海洋,"蓝海"也不是一个完全没有竞争的领域,而是一个通过差异化手段得到的崭新的市场领域,在这里,企业凭借其创新能力,获得更快的增长和更高的利润。

如何寻找品牌的差异化,开创一片蔚蓝色的海洋呢?

第一,要定位准确。准确的定位是开拓市场的首要条件,它是品牌的定位器和风向标。著名的营销大师菲利普·科特勒曾经说过:市场定位是整个市场营销的灵魂。一个产品一定要有自己连贯的品牌形象,这种形象应该能引起受众的直接联想并和消费者心理需求相联系。这种联系使消费者在购买过程中在头脑中首先闪现的就是你的品牌,成功的品牌无一例外都有自己精准的定位。

第二,要个性鲜明。鲜明的个性使你的产品跳出其他产品的重重包围,让人一眼就能识别并产生购买的欲望,这种个性来自与众不同的宣传语、来自色彩鲜明的产品包装甚至是与众不同的促销策略,而那些完全没有个性色彩的语言,例如,味道极好、品质上乘等都不会在消费者心中留下持久的印象。

第三,要有巧妙的传播。有整合营销传播先驱之称的舒尔茨说:在同质化的市场竞争中,唯有传播能够创造出差异化的品牌竞争优势。在商品同质化日趋严重的今天,唯有巧妙的传播可以创造出产品的差异化。当下网络传播已成为一种新的营销模式,企业应该多研究一下新媒体的传播方式,并通过与大众媒体的不断融合与合作寻找出一种新的、适合于自身产品传播的新方式、新途径。

学学朋克营销的精神,做大胆的颠覆,像朋克对传统音乐的颠覆一样颠覆传统:朋克营销是找到快乐的工作方式,要知道快乐可以带来创意,因此生意就会兴隆,生意兴隆会带来快乐,快乐会让你更性感、迷人。让创意成为每个人工作中的一部分,而不止是创意部门的工作主题。要保证你所做的事情经得住考验,意义深远、做法诚实、趣味十足。如果不是这样那就做别的吧。要知道人们不关心你的生意,当然也不关心你的营销活动,除非你可以给他们一个理由,最好是一个具有说服力的理由。

教育的果实　艺术培训策划手记

"如果你想创造短期的价值,你就去种花;如果你想创造中期的价值,你就去种树；如果你想创造远期的价值，你就去播种思想。"只有思想之树才能深深扎根于人们的心灵，而孩子的心灵更需要我们成年人的细心呵护和滋养，这种呵护不是强制性的灌输和教育，而应该用一种平等的视野去关注孩子们的心灵世界，寻找到适合他们个性发展和养成的方法，这个过程更像是一种指引，而不是让孩子被动地接受。

儿童时期，是一个人最富有想象力和创造力的时期，这种想象力和创造力就像一个青涩的苹果，它是不成熟的、幼稚的，但却是宝贵的、不可复制的。在这个时期更需要老师的引导和发现，而现在的培训机构所做的更多的是一种知识的普及与灌输，对于每个孩子的个性培养和才能的发现却是一种缺失，孩子的创造力被扼杀，孩子的天性得不到释放，在这样教育体制下孩子的心灵成了被催熟的果实，沉重而又不敢突破。

所以在做艺术培训机构策划时，更多关注的是对孩子个性的培养，用艺术去滋养孩子的心灵，用激情去点亮孩子们的个性之光。在这里成长变成了首要任务，孩子们的每一次成长都会被鼓励，而成绩只是成长的一种表现，并不会成为衡量的唯一标准。我们想创造的是远期价值，这种价值可能在近期内无法衡量和体现，但如果把眼光放得长远一些，会发现它对于一个人一生的成长都是至关重要的。

在这里老师的角色应该是指引者而不是教化者，老师不应该把自己的思想强加给学生，而是应该刺激学生自己去思考——这个世界的每一样事物对于他们的意义在哪儿？让他们为这些事物创造各种可能性，而不是根据教材、各种理论、标准答案来上课。孩子应该学会用自己的双眼和双手去感知、探索这个世界，这个世界才会充满新鲜和未知，学习过程也将变得不再枯燥和乏味，而是一种新鲜的探险和旅行，充满了探索的乐趣和求知的欲望，我们希望老师只是惊险、刺激的探险之旅的导游，而不是策划者和指挥者。

电视策划的源头　电视节目策划手记

策划与电视栏目有着不解之缘。在传统社会是一个植物社会，它靠的是把根深深扎入大地，而且只有深根才能枝繁叶茂。因而往往是从过去来推断现在，一切都需要依照严格的计划来生存。而现代社会是一个动物社会，它是依靠双脚来生存的（例如大中城市），甚至是靠翅膀来生存的（例如国际化大都市）。因此也就转而从未来推断过去与现在，也因此一切也都需要策划先行。这样看来,所谓策划就是根据未来谋划现在。

做电视栏目策划也是一样,我们要思考的是如何寻找到一条适合节目生存和发展的解决之道,正所谓条条大路通罗马,但最近的只有那一条,我们的任务就是找到那条最短的路。这需要我们有明确的目标,节目的目标因策划主体的因素而具有多元性,因策划主题和内容的因素而具有多重性,这是电视节目策划与其他策划所共有的一种特性,而这就需要我们在选择的时候有所侧重,而不是样样均衡。

首先要思考策划目标的明确性。商务策划和电视策划有所不同,并不能用简单的数字来衡量观众的喜好和品味,因此对于电视节目策划来说,其目标与其说是明确,不如说是明晰或明了更为确切。当然,不能因此就放松对策划目标明确性的要求。

其次要考虑到策划目标的可行性。电视节目的策划者如果想要达到节目策划的最终效果,在策划的全过程就必须时刻把策划的可行性作为首要标准来随时检验策划的内容和实施成果。此时要考虑内外两个因素:内指的是制作机构的执行力;外则是指最起码应见容于当今社会的标准。

最后就要考虑策划目标的伸缩性。主题、原则和艺术底线要坚持,其他的都可以商量。还要思考其挑战性,策划是一种智力活动,需要不断地创新和完善自己的创意,这需要策划人对周围的事物充满新鲜感和用不同的视角观察生活、感悟生活,对于策划者来说,往往越是具有挑战性的目标,越能激起他们的创造欲。

梦想照进现实　　青年艺术家活动策划手记

艺术源于生活,艺术是社会生活的反映。艺术本身与艺术家的实践都必须基于现实,优秀的作品源于对生活的深度观察与思考。一个优秀的艺术家一定要有自己独特的艺术语言,而艺术家的艺术语言,一定能反应艺术家的艺术境界和心灵世界,而这一切也都源于生活的阅历和艺术家自身心灵的成长。

对于年轻的艺术家来说,他们拥有青春的激情和创作的热情,他们乐于去尝试新的艺术表现形式,这些都是他们身上无可比拟的优势。艺术大门永远是对那些勇于探索、不断创新的艺术家敞开的,但是在不断前行的道路中他们也需要一种指引和引导,通过这种指引和引导,青年艺术家将会得到快速的提升和成长,避免走向"歧途"。

综观当下的选秀活动，我看到的却是一种缺失，这种缺失使得年轻的艺术家只看到眼前的荣誉与得失，而忘记了自己最初对艺术的追求与梦想。名次和荣誉成为主题，而艺术本身成了陪嫁品，自身的修炼更是少之又少，低俗和媚俗的情形不断发生。当梦想照进现实，我们看到了现实的残酷一面，但我们更应该警醒的是，应该有一种正确的指引，让青年艺术家重新找回对艺术的梦想与追求，这就是打造中国公共青年艺术家的初衷。

中国公共青年艺术家，应该成为当代青年艺术家的榜样与标杆，他们对艺术有执著的追求和自己独立的思考，他们拥有不断进取的品质和精神。这些青年艺术家的标杆将引领着更加广泛的群体在艺术之路上不断地前行，他们不是浮夸的偶像，而是一种精神的榜样，他们代表着中国青年艺术家昂扬的、向上的精神风貌。

当梦想照进现实，我们看见了一丝曙光，感受到了创新的力量。这种创新源于艺术的跨界与融合，相信这种创新能催生出更加绚烂的火花，它将把现实装点得更加绚烂多彩，艺术的追求是没有止境的，相信在不久的将来会涌现出更多优秀的青年艺术家，而我们的任务就是不断寻找与发现这些可塑之才，为他们的艺术之路指明方向。

设计·格调

什么是格调？有人认为，格调就是附庸风雅，故作姿态；当然也有些人认为，格调就是品位、高层次。不饰雕琢，气韵高古，古人称之为格调高雅。一句话，格调就是一个民族精神世界的字眼流露。

设计与格调有关吗？设计作为一种实用艺术，自然会打上时代和阶级烙印。不同的时代、不同的民族和不同的阶级在文化艺术审美格调的追求与批评上有着不同的倾向和标准，设计作为与日常生活联系最紧密的艺术更会形成不同的格调。

作为设计师必须有一双审时度势的眼睛，他（她）必须善于发现、善于捕捉时代的变迁，善于发现生活之美、平凡之美，并把它形成一种独特的风格，在不断地锤炼中上升为一种格调，这种格调是品位的象征、是高层次的追求，甚至是民族情感的凝聚。

其实设计的本真源于对生活的热爱、对艺术的追求。从原始时期，人类就怀有对美的无限憧憬，他们用贝壳做成项链、他们用石器雕琢图案、他们用岩画记录生活，这一切都是那么自然，又是那么美好，这一切都源于人类对美的追求，这是一个浪漫的追求，因为美让世界变得更美好，因为美让世界充满了鲜花与爱情。

所以，设计的格调应该是自然的、本真的，设计师所做的一切都是为了装点生活，让生活变得更简单、更美好。而这种简单和美好并不在于复杂的花纹和功能的全面，而在于如何替使用它的人感受、思考。把复杂的事情变得简单就是一种智慧，把简单的事情变复杂则是不明智的行为。

教育的延展　文化艺术策划教学手记

艺术犹如婴儿，既以生出，无关对错，即使先天有残疾，也得养着，承认其生存的权利。所以我们必须看到艺术的真正价值，不能忘记了艺术是需要一个从不成熟走向成熟的过程，要考虑它的可延展性和它的发展空间，不要从它诞生之初就对它怀有天生的偏见和轻视。艺术是个潜移默化的过程，我们应该带有更加包容的心态去看待艺术的成长和对艺术教育的探索。

社会正在越来越多地强调以人为本，而艺术教育更应该以人为本，考虑到不同学生的不同特点和天分因材施教。每个学生都是一颗独特的种子，他们需要的光照时间和养料都是不一样的，这就需要老师在课堂中给予不一样的关心和提点。同时要不断激发他们与众不同的个性，鼓励他们不断创新、不断尝试，当然在这个过程中会出现各种各样的问题和错误，作为老师应该用一颗包容的心去鼓励他们犯错，犯错也是一种成长，一些好的创意就源于对错误的不断修正与调整，老师的作用就是知道他们如何去纠正犯过的错误。

艺术策划的本真源于对生活的美好向往，更应该教会学生如何去观察生活、享受生活，从生活中的一点一滴寻找策划的灵感，从最人性化的角度去揣摩大众的心理需求。策划是一门系统工程的艺术，作为策划人必须从现实的角度去思考、去体会，完善每一个看似不起眼的细节（包括对自我形象及言行的策划），对于细节的把握才是最见策划人功力的地方，也是最容易被忽略的地方，而作为老师必须时刻提醒学生注意细节的把控与处理。

艺术策划更源于对美的追求，我们应该教会学生如何去辨别什么是美、什么是丑。这种辨别力会提升策划的美感与灵性，这种美感可以是来自对大自然的效仿，更可以来自对艺术作品的借鉴与欣赏,这种美感更是来自心灵深处的美好与修炼,我们都在追寻美的足迹,其实美就来自内心,来自身边的点点滴滴。生活中并不缺少美,而是缺少发现美的双眼,用独特的视角去发现,才能跨越时空限制,发现事物的另一面,从而进入一种新的境界,这是一种创造,更是一种飞跃。

开启灵感的缪斯　引发创意

同学们经常会问我这样一个问题:如何去寻找创意?创意和灵感仿佛是很难掌控而又很玄的东西,大家都希望灵感的缪斯早日光临,一下子产生出伟大的创意,可却又发现灵感的大门迟迟不被开启。

在这样一个创意爆炸的时代,人人都在讲创意,究竟创意从何而来,什么才是真正好的创意呢?其实创意不是学来的,而是经过长期的训练和积累得来的,也是通过不断地观察和思考而得来的。在奥兰多的迪斯尼乐园当中,出现在爱普卡中心的第一个游乐项目就是"通往想象之旅",从表面来看这只是给孩子提供娱乐的,因为它的特色就是一个可爱的叫做"虚构"紫色的生物(跟你想象中的虚构事物一样)。这个主题公园展示了跟你我一样的普通人能够运用自己的创造力,成为一个创造性、革新性的思想者。

在这个主题公园,人们会感受到:一个人永远都不会因为太老而没有了创造力。不管你做什么事情,你都可以运用你的想象力成为一个革新性思考者,从而也得出了引发创意思维的第一个方法:观察生活,从生活中的点点滴滴去引发创意,也许创意的源泉就来自你身边公园的另类雕塑,或者是不经意间哼着的流行歌曲,或者书中的一段文字,更有可能仅仅来自一次朋友的促膝谈天,不要小看闲聊的作用,很多灵感的迸发就在闲聊当中。

运用文学符号的延伸,经常去翻看一些优秀的文学作品并通过文字符号的延展拓宽思路对于灵感的启发是大有好处的,这种延展可以是发散的、漫无边际的,甚至是毫无逻辑的。这种毫无头绪可言的延展和弥散,却是让你思路拓宽、产生新的想法的有效办法,它甚至可以说是一种头脑风暴,不断刺激你思维的扩展。

大胆背离现实,用一种不同的方式从反向进行思考,这种背离会让你摆脱定势思维的局限，产生突破自我的欲望，进而产生出新的想法、新的创意。从事物的另一面去思考，站在不同的角度去审视看似平常的事物，你仍然会产生一种新鲜感、距离感，而这种陌生感正是艺术创作所需要的，它能带给你一种刺激，这种刺激就是灵感的源泉。

善于旧瓶装新酒，新的元素和旧元素融合会产生新的创意，旧瓶装新酒不是细枝末节的修改，更像是一种元素的重新组合。组合可以产生新的格局，甚至是一种超越，但这也必须建立在对各种元素的驾驭与把控能力的基础之上，要深入了解其中的内涵和相关的背景，不然这种融合会使之成为四不像的怪物而失去应有的光彩。

学会用逻辑推理，学艺术的人经常爱使用的是感性的思维方式，而很少使用逻辑推理的方法，其实逻辑推理的方法也能产生出不同的创意，按照推理的方法往下延伸，可能最终会出现想要的结果。

设计是从文字理解开始　　艺术设计教学手记

设计师的主要工作是用图形和形象来表现设计理念和设计思想，这是一种常态，也是设计师擅长的表现方式。对于设计理念的表达与陈述可以全部抛给文案来完成，这表面上看是理所应当的事，其实这种观念的灌输对于培养一个优秀的设计师来说是一种缺失，因为优秀的设计作品不仅包括视觉符号的传递，文字符号在设计作品中也有至关重要的作用，它也是向受众表达创作意图的不可缺失的、至关重要的元素。而设计师如果只专注于图像和符号的表达，那他的思路将是有局限的、狭窄的。

我认为在设计的课堂上，应该培养学生对设计内容的文字理解，用语言陈述出设计思路的能力，这种训练不是说让他们的文字水平达到如何高的水平，而是让他们尝试用一种新的方式去诠释自己的设计作品，也是为了拓宽他们的创意思路，为以后走出校园适应工作岗位做准备，设计一定要和文案沟通，掌握一些文字方面的能力可以帮助你更好地沟通。

文字是一种抽象的表达，开始我们可以用一种具象的形式去尝试，对一些具象的物体进行描述甚至可以通过对绘画作品的描述、解释开始，慢慢形成自己的观点和陈述。甚至我们可以做这样的训练：在创作设计作品前先用文字把创意描述出来，然后再根据描述进行图形和色彩的搭配。这种抽象与具象、文字与图形的转化相信会产生不一样的效果，甚至会催生出与众不同的灵感。

做设计文案，首先要抓住设计作品的精髓，设计者要表现什么，作品的中心意图是什么，是对产品功能的阐述还是在表述一种更深的品牌内涵，或者是一种文化的诠释。在我做国庆60周年北京花车主题概念的阐述时，就在思索如何提出一种概念能概括北京这座城市的整体精神风貌，最后确定"包容"作为主题概念。

北京作为首都正越来越向国际化靠拢，这意味着它将以更包容的姿态去迎接八方来客。而作为北京城不可缺少的一分子，北京的市民也正在以更加包容的心态去面对这座城市一点一滴的变化，包容更是中国传统文化里不可缺失的品质，海纳百川、有容乃大，正是这种包容的气魄使得中华民族得以不断地前进和发展，所以也唯有"包容"这个词能概括出北京的精神风貌。

其次设计文案一定要简练，它要高度概括设计者的整体思路的构想，应该是言简意赅、凝练而精准的表达。长篇累牍的叙述只能把你的符号创意淹没在文字的海洋当中，并且会让人不知所云，甚至会产生反作用，只要清晰、明了、准确地把你创意的最精彩部分展示给大众那就是最好的方式。

最后要做到的就是表述精准，让文字成为你思想的武器，每一发子弹都要精准地射在靶心上。作为设计文案更是如此，因为没有人会在百忙之中去猜测你想要表述的是什么，不要让精彩的创意因为文字表述得不准确而失去了光彩，这将是一件很遗憾的事情。你的创意是金子，就应该让它发出金子般的辉煌，就算是一块铁，如果有恰如其分的表述，也会因为文字而增添一丝光彩。

关于动漫　　*动漫项目策划手记*

近几年，国家各个部委出台了一系列的扶持动漫政策，全国电视动漫的产量于2008年已经突破了10万分钟，成为世界产量大国之一。但是，同年的美国大片《功夫熊猫》在中国的票房直接达到1.7亿人民币。换言之，一部90分钟的《功夫熊猫》打败了10万分钟的中国动画电视。

在慨叹美国动漫业之强大的同时，我们也不得不深深思考中国动漫究竟怎么了？

为什么具有浓浓中国元素的畅销动漫产品却出自美国，对于中国元素的把握来说，本土的动漫公司应该更加驾轻就熟，可却很难出现像《功夫熊猫》《花木兰》这样经典的动漫产品，而只能眼睁睁看着大把的钞票落入别人的腰包。

这是一个值得中国动漫人深深思索的课题。我想，我们首先要思考的是如何做出符合中国国情的"中式动漫"，美国和日本的动漫产业虽然成熟，但毕竟我国的国情与他们不同，完全照搬他们的模式显然会造成水土不服。在改革开放的几十年里，年青一代主要是看日本动漫长大的。由于市场的开放，近些年来，我们的影院又以美国的动漫为主。可以看出，中国动漫受众的口味在不知不觉中被"美日化"了。导致许多中国动漫作品模仿甚至照搬国外动漫来获取观众喜欢。如果完全按照美日的口味来做动画，是难以超越美日动漫的。

由于市场竞争的需要，现在有一种现象是过于讨好观众，认为现在市场需要什么就做什么，简单认为按照观众已经"日化"和"西化"的口味来做动漫，严重模仿甚至抄袭，用做工粗糙的动漫片把观众喂饱就算成功了。但是吃饱不代表有营养。我们现在过于依赖吃饱，而对好的东西、有营养的东西研究不够。

因此中国动漫必须走出一条属于自己的发展之路，而我想这条道路还是来自对中国传统文化的不断发掘。动漫产品的价值不应该仅仅是商业价值，更应该是一种文化的传承与传播，应该更加注重其文化品质，应该深挖中国文化的内涵，不断从中汲取营养，多出精品，不断创新，寻找到一条突破口，形成属于自己的独特风格和品牌。只有这样中国动漫才能走上一条良性发展的道路，我们的动漫产业才能不断蓬勃发展。

探索与反思　　艺术教学手记

站在时间的节点上，我们看到了岁月的匆匆流逝，感受到时间带给每个人的痕迹。学会反省与思考是每个人的必修课，教师是人类灵魂的工程师，更应该把这种内省与反思作为每天的功课。

每个人在做事的时候都要持有自我反省、自我修正的态度，并以不断的追求去实现自己美好的愿望。一个善于自我反省的人，往往能够发现自己的优点和缺点，并能够扬长避短，发挥自己的最大潜能；而一个不善于自我反省的人，则会一次又一次地犯同一个错误，不能很好地发挥自己的能力。

反省，来自内心的修炼，当我们能真正做到内省，才会明了自身的方向，清楚自己身处何方、将要去向何方。而当下更多的人则是在浮躁中失去了自省，忘记了要去的方向，这种迷失会让人误入歧途，这种迷失更会使人偏离最初的本性而忘记什么是真、什么是善、什么是美。对于一个艺术教员来说，迷失是可怕的，当眼中再没有了美，那他还要表现什么？只能有两种情况，要么是什么都不再表现从此放弃艺术之路；要么是走向另一种极端去表现那些颓废的、迷失的和堕落的情绪，这难道就是艺术的本真吗？

感谢我的学生，是他们让我在教学中不断成长，让我在这个过程中不断反思、不断前行。他们的每次作业、他们的每次提问都会给我带来新的灵感与启发，而他们的每次犯错也同样给我带来警醒，他们为什么会出现这样的问题，而我应该如何去引导他们，这对于我来说也是一个不断思考、不断前行的过程。

在艺术教学的过程中，个性和创造是不可缺失的，所以我更希望在课程中多一些探讨和辩论，少一些理论的讲解和灌输，其实这也是一种反省与思考的过程，我把它称作"理疗"。通过不断的探讨与作业的评讲，许多不清楚的概念被生动化、具体化了，而一些错误的概念和观点也得到了及时的纠正。在不断探讨的过程中还迸发出许多新的灵感和想法，这些都是课堂上的意外收获。

每一年我都会在除旧迎新的时刻做出新一年的规划，并思索过去一年的得与失。这种反思与思考给我不断前行的动力。莎士比亚说过："我宁愿让一个傻瓜逗我发笑，也不愿意让经验使我悲哀。"在每一年结束的时候，我都尝试用一种新的思维去面对崭新的一年。

未来是不确定的，我们都不可能把握不可预知的未来，但我们仍可以做出粗略的规划，给未来一个前进的方向，我在反思中不断前行，在前行中不断思索，艺术的国度永无止境，我想我的探索也将一直延续下去。

创意背后　学生视觉创意课作业点评构想

插上想象的翅膀，在无拘无束中寻找创作的灵感，素描是黑白灰，明与暗的对比，用简单的线条为我们构筑了一个丰富多彩的想象世界。这个世界里没有框架的约束、没有刻意的伪装，只有情感的涌动和肆意的表达。

翻看学生的作业，惊叹于他们独特的思考和丰富的想象力。当然这些作品也并不都是完美的，他们所缺失的是一种深度思考的能力，这种能力是对美的洞察与捕捉、是对生活的感悟与表达。这种领悟与表达并不是一天两天可以训练出来的，这需要长期的积累和人生阅历的丰富，更需要在不断的艺术实践中去领悟和体会。

唐朝中期的时候，有一位杰出的诗人叫李贺。他的诗里有一句"笔补造化天无功"。这个"笔"当然是指作家的工具，不过也可以说就是一种艺术技巧；他说"笔补造化"，造化还不够，需要艺术家的这支笔来使它成为完美，所以他说"造化无功"，也就是天无功，需要笔来补造化之缺。

可见教会学生用艺术的眼光去感受世界，提升他们的艺术感受，远比教会他们创作的技巧更有意义。而这种艺术感受的培养并不仅限于课上的临摹与点评，还在于不断扩展学生的知识面，使其不断去接受新的思想和不断变化的社会潮流。这些是在课上老师所无法全部传授的，是需要学生做有心人，不断从生活中去总结、去思考的。每天我都希望我的学生们能够抽出一部分时间去思索，今天又有什么新的收获，又有什么新的想法和创意，有心的人会把这些新的想法和好点子用小本子记录下来，以备不时之需。

所谓想象力到底是什么呢？胡思乱想不能叫想象力。想象力是能把一件事的本质凸现出来，有感性，可以作美的关照。我觉得想象力其实就是一种广泛的认知与同情，关心身边的一草一木，并用一颗感同身受的心去体会，设身处地进入万物，与它们同在，这就是想象力的可贵。作为老师我们不仅要教会学生如何思考，更要让他们保持一颗善良的心，教会他们如何去面对生活，保持最初的创作冲动，这将对他们一生的创作产生重要的影响。

文化艺术策划研究所工作构想

我国文化产业风生水起，面对当代社会经济及文化艺术的发展，当前，策划学术研究正在摆脱无理论的经验方式，呈现出现实与超越交融的新格局。借由对策划理论的追问以及其他自然、人文与社会学科的跨疆域研究，文化艺术策划需要一种从历史与现实的两极同时提问的研究范式与方法。基于文化与现实层面的策划研究逐渐起势，文化策划学术将从中获得纵横捭阖的思维空间。

文化产业在我国是一个新兴的产业。国家"十五"规划第一次正式提出了文化产业这个概念。从2002年起我国的文化经济增加值逐步提升，文化内容产业、文化创意产业也相继崛起。为此，社会对文化艺术策划理论研究要求迫切，对具有文化艺术策划特质的人才需求也十分强烈。但是到目前为止，在全国范围内尚无文化艺术策划与推广方面的研究机构和教学单位。针对市场需求的这一巨大潜力，经过近年精心且紧张的市场调研分析、教学大纲的拟订、课程体系的设计、相关课题的研发、优秀师资的选拔等学科方面和教学管理方面的筹备，于2005年在人民大学艺术学硕士研究生班范围，由我策划并经过较长时间的组建，率先在全国推出了文化艺术策划专业方向。就本专业而言，其创建在国内高校尚属首创，具有前沿性、创新性、规模性、系统性，是社会发展中催生的一门新学科，深受社会的关注与欢迎，并且从2009年开始招收该专业方向本科生。相继，中国人民大学文化艺术策划与推广研究所经校上级主管部门批准，于2011年成立。文化艺术策划与推广研究所的创建，在促成策划之文化研究与艺术研究跨领域整合，并着力推动策划文化与政策层面之研究与实践。

文化艺术策划包括文艺演出、体育赛事、展览展示、艺术产品、大型演唱会、书刊报等出版物、影视作品、电视栏目、大型品牌活动、城市形象、文化交流、旅游开发、庆典活动、创意设计、艺术家包装推广、企业文化等种类繁多的项目整体策划。主要是根据各项目的具体目标，以市场调研和定位为基础，以战略、品牌及独特深入的主题挖掘为核心，综合运用策划和管理，对具体项目进行准确性、创造性的营销创意，打造卓越的、可操作的商业模式。其特征具有地域性、系统性、前瞻性、市场性、准确性、创新性和可操作性。

研究所工作范围与任务：主要包括该专业方向研究生与本科生教学、科研课题管理、信息资讯管理、艺术产业开发，负责协调与学院科研、教学（主要指硕士研究生的教学、培训）和产业的和谐发展及相互联系、归纳、总结与提升中国人民大学的学术思想和专业特色，加强其品牌推广，为教学提供研究和总结的平台，提供信息收集和发布以及创新和实践的平台。研究所由"科研""教学""社会服务"三大中心工作体系构成。以文化产业为主导，加强对外项目合作，研发新项目，服务于社会。依托中国人民大学和艺术学院以及社会专家团队资源，为社会和企业机构提供策划与推广服务。

研究所聘请校内外在文化艺术策划领域中有理论、有成就的专家、学者及精英担任该所研究员，在研究所的规范管理下参与科研和教学课题的研发；收集、研究、发布国内外相关文化策划专业前沿信息及资讯，面向社会提供创新和实践的平台及专业咨询服务。

策划人的浪漫

策划人需要具备什么样的素质？策划人首先应该修炼的就是自己的内功，这种修炼需要耐得住寂寞，进入一种深孤独的状态。这种孤独不是外在的表象，而是内心的沉淀与修炼，这需要一个人不受外界喧哗和纷扰的打扰而进入一种"忘我"的境界，而这种境界是不需要外人打扰的，而读书则是进行修炼的最好方式。

不必去计较书籍的种类和它是否是畅销书，只要能从中有所收获和有所思考就可以拿来阅读，但要懂得那些需要精读、那些需要泛读。策划是个需要涵盖知识面相当广泛的行业，所以广泛的阅读和心智的成长有助于你在工作中寻找到独特的创意和解决方案。但这个过程却并不是一个浪漫的过程，甚至是枯燥而又单调的过程，这需要不断地坚持并与各种诱惑进行斗争，但只要你寻找到兴趣的所在，就会以一种探索的方式去阅读，这个过程就是与书籍的作者不断探讨和辩论的过程，将充满了刺激与挑战。

做好自己的人生策划，给自己一个定位。一个策划人最大的客户就是他自己，人亦可视为一个产品或品牌来经营，同样可以进行品牌的整合规划及传播，而非单纯的知名度的打造。赖以维持一个强势品牌的最牢固的根基是产品质量；同样，策划人要将自己营销出去，首先要具备深厚的内功。策划绝不是"吹"出来的！所以作为策划人最好拥有自己的产业，这个产业也应该是自己策划并成功的，这将是你值得炫耀的，证实你实力的最好案例。

要学会留有余地，鲨鱼之所以能称霸海洋就是因为它在每次捕猎中都知道留有余地。在市场竞争中也是一样的，无论你的对手如何奸诈、狡猾，在最后的角逐中都要学会留有余地，这是一种更高级的战术，更是一种包容的气量，会让你多一些朋友而少一些敌对。现代的营销战略讲的是双赢，只有合作双方都得到想要的利益，这种合作关系才是稳固的、长久的，所以给别人生存的空间也就是给自己留下一条发展的路，它会让你的道路越走越宽。

策划人的生活中是不缺乏创意和浪漫的情调的，因为身为策划人本身就是气氛和情调的制造者和组织者。所以策划人的生活应该是丰富多彩而富有创意的，和同样有创意的人一起看一场电影，探讨其中的情节，就算是一部非常烂的影片，也可以探讨一下如何修改其中的情节，这是创意思维训练的一种最轻松的方式。旅行也是一种很不错的方式，在旅行中欣赏不一样的风景，让心灵慢慢沉淀，去接受不一样的风土人情，感受不一样的地域文化，你会发现各种不一样的创意接踵而至。生活本身就是丰富多彩的，只是需要我们用一双发现的双眼去寻找创意的源泉。

艺术与市场

艺术诞生于天堂的顶层，并不是由凡人所创造，沉睡也不能使之被遗忘，因为上帝赐予我们永恒的力量！正是艺术的诱惑使得如此多的人义无反顾地投身到艺术的殿堂，更多的人投资艺术市场。

但艺术之门似乎并不对所有的人敞开，首先你必须拥有一颗赤诚的艺术之心，这会让你对艺术拥有独特的欣赏和鉴别能力。而这是那种急功近利、眼里只有金钱的人所不可能具备的，金钱和效益会蒙蔽一个人的双眼，而看不到一个艺术产品的真正价值，怀有这种心态做出来的东西只能称为商品，而不能称为艺术。

当然这并不是说，我们只注重艺术产品的艺术价值而不考虑其商品价值，首先艺术家也要生存，他所创造的艺术品如果不被市场所接受，那将是致命的打击。历史上虽然出现过很多艺术家的作品在他在世时一钱不值，而去世后其作品却受到世人的追捧，但我们真的不希望凡高等艺术家的悲剧再次上演，这样的悲剧对于伟大的艺术家来说是极度的伤害。

于是，在艺术与市场之间，艺术策划人需要找到一个平衡点，这是一个巨大的挑战。不仅需要有对艺术的高水平的鉴赏力和敏锐的洞察力，更需要去了解市场，对消费市场和消费者心理有准确的把握，而这一切都必须源自对艺术的无限热爱和赤诚之心，否则你策划推广的艺人或画家毫无说服力，也缺乏生命力和感染力，并成为平庸。

当下，文化艺术正在蓬勃发展，很多年轻人投身于这个崇高的艺术行列中，涌现出许多优秀的青年艺术家，他们身上表现出了对艺术的热爱与追求，但也存在着经验不足、急功近利等年轻人身上容易出现的问题，所以希望他们能多学习和借鉴前人的一些经验和教训，但最终要形成自己的艺术风格和特点，在文化艺术道路上越走越远。

如何制订个人计划

我们都会问自己，应该如何安排好自己的人生规划。时间对于每个人来说都是平等的，可有的人却在有限的时间里获得了更多的人生体验，可是更多的人却在碌碌无为中消耗掉了人生中最宝贵的时间。每一年的年末，本应是个热闹的时节，我却会让自己安静地反思一下，我不思考这一年来收获了什么和失去了什么，而是反思我没做什么。然后会展望一下新的一年的规划，这些规划也许并不能一一实现，并且人生路上并不是可以靠规划便能事事顺心。

人生规划大师古典说过：什么是成长？那是你内心的一个尺度。你能够感觉到你的成长，你内心知道你会成长为什么样子，就好像一颗橡树籽，无须教导，也会成长为一棵挺拔的橡树。世界上每一个人都可以成长为自己最好的样子，同时我们也拥有关于成长为这个样子所有的资源。所以我们首先要了解自己、认识自己，倾听内心的渴望，这是给自己做出规划的前提，相信自己内心的声音并坚定不移地走下去，因为任何事情，重复就成为事业。

给自己一个总体的目标，并把实现这个目标所需要的条件细节化。我们所能做的只是做出大致的规划，给自己一个整体的目标，而对于细节的变化，我们都没法掌控，那就要随时调整。在不断调整中你会发现自己真正想要的是什么、适应什么，只有这样才会发现真正的自己，同时把目标细化，有利于目标的实现并有利于增强实现目标的信心。

生命是一条奔流不息的河流，它是有智慧的，所以你要学会顺其自然和坚持。当生命的水流量足够大的时候，就会依地表顺势而流，一切水到渠成，生命的流域只会越来越广，集结的人生，不必刻意计划转变跑道。所以应该保持目标的延续性，并坚持不懈地努力下去，相信你生命的能量会越来越强大。

关于出书那点事

书籍是人类进步的阶梯，多读书、读好书对一个人的一生都会产生巨大影响。这种影响也许并不会在短期内产生作用，但这是一种潜移默化的、长时间累积的过程，在当下这个浮躁的年代，很少有人还能够静下心来用平和的心态去品读一本好书。

如果有一本好书能在你的生命中留下一丝感动和印记，还有点点书卷留有的余香，真是件很美好的事情。只是现代科技的发展，使更多人早已习惯了快餐文化，却很少再去用心做深入的阅读，更无法体会阅读带来的快乐。

出一本书的过程更像一场旅行，无论是浪漫的、刺激的，还是新鲜的，都是你旅程的一部分，而作为写作者最大的乐趣就是把这种刺激、新鲜或是浪漫传递给能够产生共鸣的人来彼此分享和交流。这更像是一场柏拉图式的精神恋爱，你用心灵和读者谈一场轰轰烈烈的恋爱，用尽全部的能量去吸引更多的关注。

所以对于图书策划来说，一个好的选题是重中之重，它能让你的书从众多书籍中脱颖而出，并在一瞬间吸引读者的眼球。

图书策划的首要原则是关切现代社会问题，首先要考虑的就是选题是否符合当下性原则。当下性不但体现在选题上，而且体现在写作风格上。当下性并不是排斥经典性，而是力挺、呼应经典性。经典性的著作之所以成为经典，就在于它们对人类社会生活具有长远和深刻的思想价值和借鉴意义，具有广泛而深远的"当下性"。我们衡量一本书的选题，首先就要思考它是否符合当下大众的关注热点，是否能反映当下的社会热点，这个选题是否值得大家深入地思考或者是广泛地关注。

其次要考虑趣味性原则。这里的趣味是指你所做的图书是否符合受众的审美趣味和品位。如果这本书在选题上不能引起你身边人的兴趣，那就不要再继续下去，因为你的读者就是和你的朋友一样的普通人，如果你都不能打动身边的人，那如何去打动更多的读者呢？所以在你的选题确定之后，可以多向身边的人询问，看你的选题有没有打动他们，如果没有，那就需要做进一步的调整，直到这个选题已经成熟再着手写作。

再次要考虑品质性原则。好书是品质的象征，是不断修改和提炼的结晶，这就需要从选题开始就进行细致的思考和周密的计划，好书才能树品牌；有品质才能为盈利带来保障。所以从图书策划的源头就要严把质量关，让选题经过层层筛选，为后序的工作做好铺垫。

最后要考虑盈利性原则。做书必须盈利，只有盈利才能发展，发展才是硬道理。因此，在选题工作中要充分重视市场作用。设计选题一定要考虑市场需要和书籍的供需情况，没有市场需要就不宜采用；如果采用，就要使选题有比同类书籍更高的质量和鲜明的特色，还要考虑成本、价格，预测可能发行的数量和盈亏情况。但是，盈利性原则也不等于只认钱不认人，一切都需要灵活处理。

前言的力量　　图书前言写作手记

如果说书籍也有生命，那前言就是它的双眼，因为前言是概述，不仅要给读者一个总体印象，还要在简短的文字中传递出本书独有的气质和内涵，在瞬间抓住读者的眼球。眼睛是人心灵的窗口，前言也是一扇窗口，向读者传递了有关本书的整体形象。

轻轻翻阅纸张，感受纸张的质感，一本好书，从前言开始吸引你，这种吸引不仅来自内容，更是被文字的力量所震撼。你从文字中寻找到心灵的共鸣，因此开始欲罢不能地阅读下去。这是电子书籍所不能及的，因为你无法感受到纸张的质感，以及油墨淡淡的清香，不要小看触觉和嗅觉的作用，它确实能增加阅读的快感。

一个好的前言还会告诉你如何去阅读本书，阅读的目的不是接受，而是创造。如果你能从阅读中寻找到创意的源泉，如果读者能吸吮书中的观点并有所思考，甚至形成自己的观点，那将是作者最感欣慰的事情。在前言中可以留下一些小悬念，引导读者在阅读中不断思索、不断寻找，在阅读中寻找到无限的乐趣。

前言的语言一定要精练，没有人会有时间阅读长篇的记叙，尤其是一本书的前言，如果不能一针见血地直指重点，将会让读者失去耐心甚至放弃阅读。这对于作者来说将是一件很悲惨的事情。也许在书中还有无数个包袱要抖，还有无数精彩的片段都因为第一个包袱没有抖响而失去了机会，所以不要轻视前言的撰写，因为它很有可能决定一本书的畅销程度。

热爱阅读吧！因为我想它最能让你寻找到无限创意的源泉，因为它能让你寻找到一种更高层次的快乐。如果你说自己没有时间，那就用零散的时间去阅读，相信你总能找到合适的时间去读一本好书。但首先请阅读它的前言，衡量它是否真的适合你，符合你此时的心情和需求，相信你总能找到适合你的书。

与众不同　写作心得

世间万物都有不为人知的一面，而我们却不可能一一发现或者是解释它们。艺术家总是以不同的视野去阐释他们眼中不一样的世界，这需要艺术家用双眼去发现事物与众不同的另一面。

很喜欢约翰列侬歌中的一句歌词："试着去想象所有的人和平共处，你可以说我是个梦想家，但我不是唯一的，我希望未来你和我们在一起，这样全世界将合而为一。"是的，他用歌声去发现了另一个纯净的世界，这个世界没有国家、没有宗教、没有财富，这个世界所有的人都是兄弟姐妹。

用艺术的眼光去欣赏、去体验这个世界，你会发现与众不同的美好。而我写作的初衷就是想给正在艺术之路上不断探索的人一些启发，带领他们用另一种思维去思考，发现事物与众不同的另一面。写作的过程也是在不断总结自己，是否还保持着一颗好奇的心，是否还拥有第一次创作的冲动，所以写作的过程也像是一个自我理疗的过程，在自我反思与总结中，完成自我修炼与成长的过程。

写作的过程也像是完成了一次旅行的过程，一路中收获绝美的风景，它是前人留下的智慧的结晶，这是价值连城的财富，它让你站得更高、看得更远。收集材料、总结材料是写作的必然过程，但你必须警醒地告诉自己跳出别人的观点，发现新鲜的观点，找到自己的观点，这样你才能站在比别人更高的平台上。

这些新鲜的观点，更来自你敏锐的洞察力，这是长期积累得来的经验和思考，这需要你在平时细心地观察生活，发现生活中的真、善、美，发现平常事物中所蕴含的与众不同的另一面，只要你是个有心人，相信灵感总会眷顾于你。

梦想与现实

梦想也许是五彩斑斓的，现实也许是黑白的，甚至是残酷的，但这正是成长应该经历的。成长不是一件轻松的事情,必然会有无奈和茫然,甚至会有伤痛,但正是这种过程让人学会思考,让人学会坚强和承担。

怀有梦想是一件美好的事情,我也经常鼓励我的学生要勇于梦想、勇于创造,但更重要的是作为年轻人应该多一些勇气和智慧,去用自己的双手把梦想变为现实。没有人会告诉我们如何靠自己的力量去改变现实,只要用一种充满创意和淡然的方式去解决现时社会中的社会问题,是给刚步入社会的年轻人和正在奋斗的小人物以前进的动力,让他们相信只要有智慧和勇气,梦想并不是一件遥不可及的事情。世界也许并不像你想象的那样美好和公平,但我们可以通过自己的努力,为世界的美好做出自己的一点点努力。

另一面

大千世界纷繁复杂,盘根错节,变化多端。

在这个多维宇宙的空间里,我们却只能看到三维的存在;在这个现象繁生、裹蔽本质的现实间,我们却让表层障目;在这个追求决胜的时代中,我们却遗忘了叫赛场"暂停"去反思调整。只有跨越时空限制、突破心智模式、改变思维定式、剥离事物外壳、改变视角范围,才能使我们突破常规,获得非常规的结果。从而,让我们进入一个"蓦然回首,那人却在灯火阑珊处"的新境界。

另一面,是区别于常视的这一面,是与众不同的那一面。站在自我视角中,即便观察得再整体也是不全面,因为另一面是你看不到的那一面;在事物的外表上勘察,即便再注视也得不到真谛,因为另一面是在深层核心中你不易探幽的那一面;用惯性思维去思考,即便再执著也不会创造出崭新的绮丽,因为另一面是你容易忽略的那一面;按照"标准"模式去应事,即便再"顺畅"也不会走出荆棘地,因为另一面常常是被大家公认为"错误"的那一面;在竞争中,即便你跑在最前面,也不能标新立异,因为另一面是你不随众人的那一面。

想想看,人为什么有两只眼睛,那是让我们看到事物的两面;人为什么有两只耳朵,那是让我们兼听不同声音;人为什么有两只鼻孔,那是让我们区别差异的味道;而人却只有一张嘴,那就是为了表达自己独到的理念。

另一面究竟在哪里？

可能隐藏在你的脑体里、遗落在你的身后、让你踩在脚下、被你面前的"艳丽"遮住，也可能离你很远很远，埋得很深。

找找看。

宽可容人　厚可载物　淡可定心　平可顺事

可能生活中你曾误解过别人，也有被他人误解的经历。

所以，善言的沟通才是正道，一句善言的沟通可解彼此之怨，才会得到更多朋友相助。

快乐指标中的重要一项是身边无嗔恨之人，宽可容人中的快乐会放大对自己的快乐，嗔恨怨人中的仇恨也会放大对自己的仇恨。

其实，在我们今天的现实生活中，并没有什么敌我之分。如果你非要认为有，那一定是你自己跟自己过不去。平时，人与人交往，千万不要以自我利益为中心，以自我得到为前提，以自我角度和立场去看人待事，这样会误解和伤害与你交往的人，也会让你身边的人远离你。同时，本应你得到的东西就这样一个个不知不觉轻易失去。从而造成你自我心中的怨恨，伤害了自己的身心健康，影响了你的心情，误了正事。对今天而言，每一个人的所谓成功或者所谓失败，都有其内在原因，更多地不在于外在的东西，可能就是很多人看不到的（如包容、淡然、平和、能舍）才是成功的根本。有时，你自认为的敏感、精明以及冲动，正是你的大敌。

这个世界不是为哪一个人而存在的。"和"是尊重，尊重他人的信仰、利益、观念、隐私等。和而不同、宽容待人是"群我"社会人生处世的自然祥和。

扭曲的仇恨无法改变现状，宽容却能拥有美好未来。

只要宽容在我们的心里，快乐就在我们身边。

无论误会是否有误，善言的沟通都是正道，因为大家曾有做朋友的良好基础。

我们是否不再与人对立，要静心认真地审视一下自己，问一问：我自己错在哪儿？

想一想：对方曾对我很好。

愿所有的人，明天会更好！真诚祝愿你们每一个人。

写给大学新生

多少个难忘的日子，多少个激动人心的时刻，今天又是一个难忘的日子，今天又是一次激动人心的时刻。因为今天是我们在这里欢迎艺术学院新同学典礼的日子；因为今天是在座的每位新同学经过几年努力而光荣地成为中国人民大学艺术学院的学生，并开始书写四年大学生活新开篇的时刻。

坦白地说，同学们考上中国人民大学艺术学院并不是一件轻松洒脱的事情。但我更愿意说，选择了中国人民大学，就是选择了一种生活态度；一种对家庭的承诺、对自己严格要求的生活态度；一种告别轻狂暂别浮华、甘于寂寞反省自己的生活态度；一种将誓言顶在头上、背负理想行走的生活态度。于是你会逐渐了解平凡生活中的幸福，学会尊重朋友和友谊，懂得宽容和理解的珍贵，从而也体会了家人在事业和工作中的不易。应当懂得，在这里，"你不是一人在战斗"，会有很多志同道合者与你同行。我不能说考上人大的学生都是最卓越的学生，但至少可以说，这个群体里的学生都是能够严格要求自己、践行理想的学生。四年后你们将会发现自己的艺术修养已有提高，智慧的凝练与知识积累会有厚度，身边的友情和亲情也更为浓厚。

人生许多事情的先验肯定都无法通过经验世界加以证明，能够为你的坚持证明的唯有你的信仰！学习也是这样，你需要有信心，你坚信自己会成功的，最后胜利只是水到渠成的事情！在大学怎样去学习？记得有人曾讲过，认知只是教育的一部分，要教育学生学会学习、学会动手、学会动脑、学会生存，学会和别人共同生活。这对新进大学的你们，更具有很强的针对性。

亲爱的新同学们：时间阻挡了城市的喧嚣，阻挡不住我们青春的理想。让时间作证、让青春扬帆、让年轻因理想而光芒、让生命因执著而精彩！我相信你们一定能在艺术世界中为自己确定好位置。预祝你们有一个美好的未来，在将来的路上越走越顺！最后，我把我曾上大学刚入学时老师送给我的话也无偿地送给你们："艺术诞生于天堂的最高层，并不是由凡人所创造，沉睡也不能使之被遗忘，因为上帝赐予我们永恒的力量！"

沉默是一种境界

沉默是一种境界。是面对处变时的坦然与镇定，是一种宁静与自信的表达。

沉默，是自己留给自己的一份宝贵的才学，是属真正强大的人所拥有的。

偌大的世界，有一块属于自己的地方，那就是面对喧哗、繁杂、吵闹中的沉默，因为，沉默的定义是金子。

可能有人说你坏话，可能你被别人误解，甚至是攻击，你也不需要反唇相讥、歇斯底里，这时，你应在沉默中去寻找或等待事物可能的又一个拐点与良机。因为流言、误解只是一块迟早被风化的石头，也是由阴转阳的起点。

学会沉默，让自己安心读点书，让自己静心去思考，相信自己的真诚能去抚慰人心。

人生的过程，是一个洗涤与梳理的过程。在沉默中，我们不知不觉地剔除了浮躁与功利。因为，修性是在沉默中得以升华的。

当你学会了沉默，你就具有了人性的强大，你就能在工作和生活中，从容、豁达与包容，你内在的大爱以此而呈现。

记住，沉默不是不了了之，沉默是在不顺中静心去思考和寻找新拐点与新可能。

微言博语

自媒体进入我的视野，我应该感谢我的学生，在他们的极力推荐和催促下，我的微博、微信相继开通了。我开始围观，观看其他人的微博。开始发现虚拟的世界确实是个精彩的世界，在这个世界只要你对一个人感兴趣就尽可以通过微博、微信去关注，作为一个旁观者你可以很轻易地知道他(她)在想些什么、做些什么，别人也可以很轻易地了解到你的所思所想、你的生活，你是一个围观者，同时也被别人围观着。

这真正是一个全民狂欢的时代。"芙蓉姐姐"的走红和"木子美"事件，代表微博作为一种新兴的交流工具，走进了普通民众的生活，个人的言论自由权利得到了极大的发挥。相对于微博，需要组织语言陈述事实或者采取修辞手法来表达心情，微信只言片语"语录体"的即时表述，更加符合现代人的生活节奏和习惯；而新技术的运用则使得用户（作者）更容易对访问者的留言进行回复，从而形成良好的互动关系，从各种现象来看微信真正红了起来。

在不断围观与被围观的过程中，我也在享受着现代科技带来的快感，这种快感会让我们迷失在虚拟中不能自拔，而选择逃避。人们习惯了在虚拟的世界敞开心扉而又开始学会逃避现实，在现实中却不愿意与人沟通，甚至疏忽近在眼前的亲人和朋友。大家都希望生活可以简单一点，于是寻找到一种可以抒发情绪的最简单的方式，自媒体可以提供给大众一种简单的沟通方式，不应该否定它的传播功能，因为人毕竟需要寻找一种情感发泄的渠道，但是在虚拟中我们真的能找到那份纯真的情感吗？也许是可以的，因为在虚拟的世界里没有条条框框的限制，任何人都可以畅所欲言，但这真的是一个最佳的渠道吗？

我还是相信，只有面对面的交流，才能让情感的宣泄更加淋漓，因为语言和面目表情的传递更能让接受者感受到传播者此时此刻的心情和情绪，也更能让接受者直接感受到传播者所要表述的主观意思和他的真情实感，这种声情并茂的表述远远超过虚拟的文字和表情图片。

相对于虚拟的交流，我还是倾向于面对面的交流，它可以让我们感受到人与人之间的真情实感，就算是虚情假意的伪装，也可以从谈话者的面部表情和语言表述中透视其内心。而虚拟的网络则不同，它的伪装是不容易被发现和揭穿的，开个不恰当的玩笑，如果一只狗也会打字，也可以在微博、微信上发表言论，这种伪装可以一直延续下去，没有人知道和在乎。

但是不可否认现代科技的发展确实给我们的生活带来了方便，也不应该一味地敌视它、否认它，例如自媒体的舆论监督功能和信息传递功能给我们带来了一场信息的革命，我们应该好好利用它为社会的发展进步添砖加瓦。

我不是一个守旧的人，仍会在自媒体和网络上发表一些对人生的感悟和生活中的点点滴滴，而我也在不断寻找新的乐趣。时代在改变着人的思想，也要不断地与时俱进，去接受新的事物，哪怕它还不那么完善，只要不断地发现和利用它有利的一面，相信它会变得更加完善和成熟。希望你和我一样在自媒体中寻找到新的乐趣，在虚拟和现实中寻找到一个平衡点，让网络成为你的朋友而不是一种负累。

第二部分　站在游戏之外

潜意识中的真诚幻想　　解析意识形态式画家潘士强的系列油画作品"白日梦"

有些东西真是难以言状，它们不可见，却真实存在。

油画家潘士强先生的"白日梦"系列油画，之所以以"潜意识中的真诚幻想"为题和以"意识形态式画家"为特称，是因为我读到了在他的潜意识绘画游戏中，充满幻想、感性、浪漫、智慧、真诚的语言与意象，以及其富于想象的意味空间。他按照意识形态式的潜意识思路及幻想意图，对特质精神、文化、爱情等既定现实，进行"梦"中的任意嫁接，由此而表现出对艺术的"原则性"概念的反叛性，从而获得了"廉价"的白日梦意境之旅。其画面让人很自然联想到抒情、意境、心像，演绎了人在白日梦中，云遮雾罩、无序多端、精辟高深的情节。系列作品中，有爱恨离别，有对人生的迷恋，有对幸福的憧憬，也有梦境难圆的悲伤情怀。犹如起起伏伏的心情，有时候是听见走近自己的脚步声的喜悦，有时候是夜夜相思的浅愁。就在这样一种梦境中，静默于一种幻觉，犹如经历着庄周的化蝶之梦。

在弗洛伊德看来，白日梦的一大特性，是梦乃愿望的实现。白日梦可以推动人们追求某种目标，若是白日梦代替了有意义的行动，就会成为超越现实的手段，可能成为心理幻想的创意征兆。由此而言，画家的"白日梦"系列明显地接受到现实的动机和非现实的支配，是一种面对现实的心理超越，打破时间空间的界限，满足了人们的心理需要，同时伴有童趣的欣快感。

我认为，"白日梦"是画家的真诚幻想。真诚与幻想是艺术的基本特征，是用以反映精神生活的特殊艺术手段，是艺术想象的灵魂，也是创造想象的一种特殊形式。真诚幻想，反映了人们美好的理想境界，这往往是人的思想行为的先行。艺术幻想是一种创作手段，是画家不满足于模仿现实的本来形态，而按自己的需要来虚构形象的一种创作方法。它植根于生活，往往又对生活作夸张的叙述和描绘而达到一种升华，因而幻想中的事物比真实情况下的更活跃、更富色彩，充满丰富的诗意。画家利用幻想手段作折光的反射，借以寄托自己的情感和理想，表达对真、假、善、恶、美、丑的审美评价。所以，没有真诚与幻想就没有艺术。

潘士强先生是一位意识形态式画家，他的意识绘画"白日梦"系列，是表达人的内心感觉、个人主张、潜意识想法的一种艺术表征类型。其呈现的内容，可能完全与现实无关，而只是一种内心的呐喊、片断的记忆、纠葛的心结，以意象的方式宣泄，借着意识形态的方法，化为生活意识或感觉意识中的一个片断。完全着眼于探讨人的内心世界，深入分析人性心理、意识想法，而概括出一个可供艺术表现的意象。这些语言或画面，可能是我们早已存在且掩饰在表象下的，也可能是从未注意到，而帮我们挖掘出来的。"意识形态式绘画"的作用机制是将"视觉艺术"这种意识形态作为一种精神状态展现，说明绘画不仅是技艺性，更多是精神性的潜意识的"象征"——这种象征往往是建立在人们自身固有的心理、情感欲望上，不是赤裸裸地说出欲望，而是建立起与欲望相切合的象征。

在我看来，"白日梦"系列如同一幅幅下笔不多的中国水墨画，简洁生动之余，给人留下无穷的思维空间，其构思精巧，画风缓慢恬静，带着丝丝淡淡的甜润和忧伤，让人会呼吸到爱与恨的离别，或者现实生活中的遗憾。没错，表达的甜润与忧伤可以直达你的心扉，让你有点伤感、有点怀念，却又是那么的美。在艺术的表现上，"白日梦"系列以"散射"为构成、以淡泊为主调，流转出一个一个淡然的音符，勾勒出一幅天凉如水的默默。犹如溶在四季的人们，遥望着天边的星群，独自默然；也如同秋夜无聊的时刻，脑子里不断交织各色怪异。在每幅画中，呈现清脆的色调，似乎眼睛微雾，然后仿佛听见清脆的滴落声。有快节拍的弹奏，也有慢速的低语。

观看潘士强先生的"白日梦"油画系列，让我们开阔视野，放松心情，使心绪变得更宽广，现实世界变得很遥远，也不由自主地进入了一种梦幻般的陶醉状态，当我们沉浸于其中时，就会释读画家用自己独特的绘画手法强调思维的不间断性，超时间性和超空间性，在不同的丰富的绘画语言中表现了精神无形的心象。可以讲，人们越是深入意识领域，"真实"越是存在于人们意识的不可分割的波动之中。只有自由，才能切入纯粹造型艺术的本质。画家用平实朴素的绘画语言描绘了他对神秘领域探究的过程，揭示了他对真理的追求以及对生命体验的精神立场。如此使他的艺术有了独立的审美价值和形而上的精神力量。

但愿"白日梦"能唤起人们更深更新一层的意识觉知，以及对时空对物质的深入理解。往往人们的知见是表层的，它影响着每个人对新事物的理解。意识绘画就是关注人类心理的一个表达方法，是把精神世界引向深远的一种最有效的途径。在探索的路上，艺术绝不会允许艺术家忽视人的意识形态的每一个细节，就像创作上你想实现震撼就必须懂得什么才是超越一样。但是面对超越，艺术并非是单纯的现实中的表现，或形式形态的挖掘，而是精神意识与幻想的归属。

最后，祝愿士强兄继续真诚而又激情地做好"白日梦"，并在视觉艺术领域形成独特的美学特征。

让新世纪绘画披上科技的盛装　　画家董唯艺术作品的倾向性解析

科技与绘画的关系一直是人们较为关注的话题。随着时代的发展，科学知识为绘画的进步提供了支持，带动了绘画的创新，绘画也为科技的发展做出了自己的贡献。科技元素的应用和普及，已经开始全面渗透到艺术领域，为艺术带来了更多的可能性，当艺术遇上科技，两者已经碰撞出了绚丽的火花。

也许，科技不是永远被动地接受艺术的挑战，但科技一定在诱导当代艺术家的大胆创新，就这方面，艺术家董唯应验了。他在自己的绘画世界里，不断地找寻着绘画与科技的结合点和切入点，其作品以计算机为观念绘画的载体。无论中间有着怎样的殊途，都与其他艺术形式一样，最终完全是源于一个出发点——原创性。他的作品诞生，或许预示着这个时代的绘画走向，或许预示着科学技术在创造艺术。

从董唯新世纪绘画的思想性上来看，作者是以现实主义的态度，以"小我"的艺术个性姿态，在平常的生活表象中和人们可见的熟悉事物中，去挖掘人性内在的本真以及"大我"的思想深刻性；其作品在平实中听到情感的心弦，在简约中感悟到意蕴的艺术美质，给人启迪，让人思考。他对新世纪绘画的关注，是通过实验性绘画形式，表征自我灵魂的追求，也在思想的情境之中，用艺术家的追问去创作。他超越了自己，也超越了传统绘画本身。同时，他也在接受着生活的启迪，并以精神的关注和投入，以一位艺术家的本真和灵犀去探索行走。

从艺术倾向上来看，艺术家董唯的作品首先以艺术立场及其观念所产生的价值，构成了鲜明的艺术性。他以个性而又灵动的线条、沉凝而又对比的色彩，关注可见的艺术形式和具有独立表现精神性的艺术特征；他将深厚的艺术素养、扎实的绘画功底和浪漫主义的情怀以及表现主义的艺术魅力，坚实地贯穿于作品之中，并对新科技的尝试和新形式的追求进行探究，为新世纪绘画带来种种可能；他也从观念传播上极大地拓展了绘画艺术的表现平台。同时，伴随着艺术家的想象力和创造力，作品的艺术语言不断得到充实和多样性的发挥，呈现出多元化表现开放式格局，加之艺术家的观念，披上了新世纪绘画中的科技所带来的奇妙而又煊赫的盛装。

值得一赞的是，艺术家董唯在确立、完善和发展个人艺术语言的过程中，以时代为参照，并在时代的作用下，积极地寻找融合性的表达契机，让绘画艺术呈现出具有时代光环的新世纪之美。

因为繁杂所以简约　　栖息在青年油画家胡继宁的"瓜棚"下聆听暗香

　　我们生活在这个繁杂的世界里。面对繁杂，我们不能太复杂，只要我们简单地一一概括，就会如释重负、潇潇洒洒。

　　世界原本简单，复杂的是人类自己无端的加负。

　　我们渴望宁静和淡泊的世界，渴望那种没有喧嚣、没有尘埃、没有繁杂、没有绚烂的心中田园。在喧闹繁芜的市井中，人人都在寻觅心中的那块寂然的栖息地。

　　走近青年油画家胡继宁的画前，栖息在他的"瓜棚"下，给人一种默默的、孤独的遁世绝俗之原美；一种久违的亲切和梦境般的追忆。或是回忆着童年的乐趣；或是憧憬着美好的未来；或是思念着亲朋；或是享受着孤意独处的快乐。不经意间，便会从心底里展露一丝丝轻盈而温情的美意，或是一声长长的对人生过往的呼叹。

　　在这里，没有花絮的艳丽和亮靓；在这里，没有自然的丛莽和世间的荆棘；在这里，也没有人为的强意和纷扰。可以说，这完全是一片洁净的、充溢暗香的桃源世界。

　　正如马蒂斯所说："我所梦想的是一种协调、纯粹而又宁静的艺术，它避开了令人烦恼和沮丧的题材，它对心灵起着一种抚慰的作用，就像一个舒适的安乐椅那样，使疲惫的身体得到休息。"不难看出胡继宁的油画作品正是在追求艺术与人生、自然与心灵的关联，正是以这种取向和向往映照进他的油画作品中，使他的艺术创作不是对现实的再现，更不是对自然的描摹，而是以创造性的想象空间，体现了他的理想之美，表达了他自身的审美情趣和文化自觉。画中充满了人性自我和理想主义精神，以一种挚诚的大我之境界，吟唱一曲世态的新鲜和生命的唯美。

　　现实生活是艺术创作的源泉，而艺术却不是真实生活的复制。艺术创造离不开激情、想象和诗意，艺术是在体验现实基础上的二度意象表现。正因如此，胡继宁以一种艺术家的独特视角和真诚的态度，在繁杂的世界里，不懈地搜索令人们共鸣的那个情境，即把风景、静物与人性之心境巧妙地融为一体，汩汩给予似真似幻的意象表现。

　　在胡继宁的"瓜棚"系列油画作品中，无序的瓜藤和繁茂丛密的瓜叶，喻义一个繁杂的世界，因此他采用了概括的简约表现，让人们感受到了面对繁杂时应有的处世态度和淡然的信念；同时他以平涂式背景和别致的负形，突出表现瓜硕壮观，释怀田园"幽""秀"间所透出的"奇"美。

　　画中的每一个笔触、每一块色彩、每一处构成，既是自由的，又是表述的，既是抽象的，又是意象的，营造出一个"非真实"的、属于自己的心灵圣地。松弛而又灵动的笔触，谐美有致的色彩，别样有序的画面构成，在偶发的、稍纵即逝的激情中，呈现了意想不到的画面效果。大有中国传统写意画中的"随兴所至，任意点染"和"境与性会"之境式。

作品中，胡继宁采用了一种隐隐约约的光色，以中间调子为主，在同类色中隐含着对比，在温厚的层次中凸显强烈的节奏。尤其是丰富色块和飘动色线的巧妙穿插，使作品显得如梦如幻，在朦胧闪烁中透着实体，流露出强烈的浪漫主义意味。

他在艺术创作中保持一种纯粹的心境，其作品具有心灵的自传性，标志着他对生活的美好情结和对原美的心想意愿。他的艺术个性总能以执著的面貌映现，作品中十分清晰地呈现了他的精神气质。他的作品具有传统艺术的崇高理想追求，又具有印象主义的色彩认知和表现主义的内心情感，也具有后现代艺术基于人类主、客观努力之后呈现的生存现实的思考。

可以断言，艺术就是对生存状态的思考，只有对生存状态的思考才能真正称为人类的艺术。

面对人类冗繁的心欲世界和物象叠杂的自然，青年油画家胡继宁做出了选择：他选择了形式的简约和心象的艺术表达；他选择了深刻意义的思考；他选择了人类怀有的情态之美；他选择了宁谧；他选择了暗香……

漫步于胡继宁的"瓜棚"下，不知你是否也会有共情的感受？

艺术之后的艺术／穿越异度的暗示　刘延明油画的艺术特征

当今的艺术以个性化追求、生活的艺术品位、思想的自由、心灵感受为艺术数轴。因此，艺术之后的艺术传达，是以人为本，力求突破合乎逻辑的现实价值观，并尝试将人性经验与潜意识本能相糅合，以展现一种绝对的和超然的人文真实。

在此，青年油画家刘延明正在积极地探索。他致力于油画的创意图式之后的艺术语言，在温情诗性的画面处理中，呈现全新境韵的异度艺术暗示；他致力于人文关怀和人性自由层面，逐渐形成了独特的艺术特征。从而，在我国当代画坛上具有一定的代表性和影响力。

从艺术类型上说，刘延明的油画艺术属于新超现实主义；从审美领域上看，贯穿了艺术、社会、自然、人生美学因素，同时符合了禅宗美学特质的东方现代艺术意味，充分展现了画家的生命感受和艺术体验。我想，这是画家对生活的认知和人性觉悟的结果；从批评的角度看，我们通过他的作品所体现出来的美学理想和艺术趣味，深感画家的自我意识和艺术模式及特殊形态；从思想理念上看，画家企求打破一元化的世界观，推崇多元的宇宙观，构建非线性的梦境与想象；从时空感上看，画家的创作，自由行走在时空交错的另一个世界中，不受空间与时间的束缚，强调了人的意志感受与美学判断。

在刘延明的油画作品中，画家关注的不是色彩和笔触的画面物理性，而是绘画的幻觉真实和心灵空间深度；以平和温性的色调、写实功力与有意识之梦的融合，凝结了自己的语汇；以画面独特的美感和画面之后的巨大力量，唤起强烈感情，制定一种艺术之后的艺术在暗示语言中产生的共鸣。我们可以发现，富有张力的画外语言结构和形式充溢的画面，给人以直接的视觉体验与情感调动。画面中，超然静谧的少女，挥发玉人般冷艳的气息；女人体的恬淡寡然之美及其雅意气质，在广阔空灵的景致和变异的空间映衬下，在我们心里此刻叠印的是一种难以名状的现实生活选择和对美好的期冀。可以说，作品把新超现实主义手法和原型手法有效地交结在一起，使画面中充满戏剧效果，带给人们视觉与心灵的震撼。

在《异度空间系列》作品中，对此，我们既可以把它视为画家感悟力的活化，也可把其看成艺术对生命情感的偶然性和不可预测的虚无感灵魂的移植。从刘延明创作的这类油画作品中，我们能看到一种人生境遇的活动范畴，包括人的生命形象与自然体征的存在和喻义。也许它们是画家在创造过程中潜意识的流露，无论怎样，那些具有生命的意象和踪迹所呈现出来的用心考量，反而比其他艺术形象更具有真实和内在的性质。

当然，在《双蛋黄系列》作品中，描绘客观世界的物象是暗示性的。它的明确特征，所表达的是画家的情感与外在世界之间的主观联系和心灵对话。因为它是在叙述艺术家与世界的互动关系，在传递画家的人生认知。实际上，也正是用这种概念阐释的艺术方式，非常贴切地展露了画家当下的生命意识或所面临的问题，那就是生活中的生存感、生命中的价值感、盲然中的矛盾感、现实中的决策感，无疑也是画家自我生活的写照或对当代社会的一种回应和思考，这类作品的意义和内涵是深刻的。

《水系列》《花儿系列》作品，以人与水的静寂式或人与花儿的动幻式构思，承载着内在的波动、律动和冲动，在感性和委婉情形之中成像。画家首先被自然界暗示，被崇高的人类精神暗示，然后开始贮存，进入心悟。在自省、冥想、放纵之中产生一种隐隐的涌动，去寻找一种人类与自然的关系，即人类与自然的相互性与和谐性。因此，暗示的隐性和视觉的显性在艺术中，以其特有的方式共存着。

所以说，艺术最神圣的使命，显然不是赞美那种浮于表象的模仿，艺术是以人类最简化、最典型的条件反射的暗示，引领我们走向灵魂深处，同时使我们获得精神的净化和灵魂的升华。

刘延明的油画作品的真正魅力恰恰是艺术之后的艺术"暗示"，从而，唤起了我们的心智意觉，调动了我们的弥散思维，让人"想入非非"，让人"冲动"，让人觉悟，让人回味，让人升华。

戏剧性：一种心灵意识的真实　吴威油画创作摭谈

可以说，吴威是我国目前少有的关注人性心灵意识的一位戏剧性表现的青年油画家。面对这个时代的林林总总，他从人类学、心理学、社会学等多重角度进行文化界面思考，以深刻独特的视角，剖析现代人的生存状态和心绪；他以戏剧性和饶有趣味的情节，解码现代人最迫切需要解决的心理问题；他通过绘画的戏剧性表现形式，有机地把不可见的人性心灵意识转化为可信的真实；他用画面米娓娓细述现代人的种种困惑，以示让人们突围出精神如雾的丛荆，去认识自己，并勇敢地面对生活。

在画家吴威的《指南针游戏—前传》《预言与启示》《飞鸟与谎言》《孤山惊蛰图》《卡拉瓦桥的游戏》等系列作品中，以强化凝固的一瞬间为绘画特征，把生活中的日常自娱活动，通过静态的表情、眼神、手势等来表述人物的意识形态；作品运用画面内含的起伏、节奏以及肢体语言等手段讲述特定时间所发生的故事，"导演"了情节之美，揭示人物之间心理情绪所引发的戏剧冲突的真实性。在此，传达了画家极度的人文关注与人性思考。

《明天的思辨》《风月几时》《境遇》《夜半歌声》《游园惊梦1-3》《月食》《曼舞》《稍稍迟到的春天》等系列作品，是油画家吴威的人物肖像式绘画，他以写实的功底与古典的色彩及戏剧性感官刺激，营造出戏剧的特性在绘画作品中的具体体现；作品中假定情境中的人物和心理的直观外现及特定环境、特定心理内容、特定动作共振，透射戏剧性绘画的因果关系和艺术内涵。从而，彰显画家独立的美学境界。

需要强调的是，吴威在画面用光上，充分体现宗教意味和婉约的古典气韵，使当代绘画与古典精神相融。作品中戏剧舞台式布光，大有"以光代景，以光传情"的诗化艺术风格，蕴含着神秘、冲突、梦境、变异、孤寂、矛盾的多重性。

在当代绘画视野中，我们有责任运用艺术的形式语言来艺术化地对人文关怀和人性心灵意识进行思考。

因为，艺术最高层面就是人性的精神、心灵领域的艺术；

因为，艺术是文化的一个领域或文化价值的一种形态；

因为，艺术就是艺术家对现实的关注和自我人文观念的真切表达。

愿吴威的戏剧性油画作品对我们当下绘画创作有所启示。

艺术的时代呼唤　　油画家潘士强"白日梦"主观真实性的品牌价值分析

真实性伴随感受经济延伸出一个艺术个性品牌时代的到来。就绘画而言，画家的主观真实性备受青睐。绘画作为一种画家思想与情感传播手段，其本质在于通过画家主观真实性营造令人向往的美好幻象。在当下绘画观念同质化倾向严重，"日常审美泛化"使受众审美鉴赏力处于消费时代崇拜个性符号的势态中，绘画需要借助与众不同的元素和画家的真情实感，以此实现品牌价值。而画家所富含的精神内涵和审美价值取向的专属性，使其不仅在打造品牌注意力、建立沟通、传递价值与理念方面有得天独厚的优势，而且更重要的是成为提升品牌价值的重要推动力。因此，绘画注重画家主观真实性是这个艺术时代的呼唤。油画家潘士强的"白日梦"系列油画主观真实性的专属意义，恰切具备其自我的品牌价值，这是值得我们思考和领悟的。

画家的主观真实性，是绘画作品不再受艺术强权控制，是画家自己的存在价值而呈现出的艺术本真。但在艺术强权中，绘画就像非常整齐的连排别墅，样式如此相同，如有人想改变，物业式的艺术强权思维便指责或自我指责为"客观失真"。我认为，所谓艺术的品牌价值主要来源于艺术家的主观真实性，是通过艺术家本人对客观世界的认识、体会和感悟，进而给受众一个带有艺术家个人主观色彩的艺术世界，其中这个展示的过程必须是符合人类最普遍的认识步骤逻辑和情感变化逻辑，体现出人类从形象思维升华到抽象思维的合理规律。从而使受众对艺术家创造出来的艺术世界感到认同，并且具有了艺术家的个体品牌文化性和品牌认知感，实现了特指的品牌价值。

艺术创作离不开作者的个人思想、个人观念，无论何种艺术、何种美，它们呈现方式的背后，都是需要艺术家观念的力量作为支撑。油画家潘士强的"白日梦"系列作品就是挖掘自己本真的思考维度和独特的艺术观念力量，运用"模糊"的意象去表现清晰的主题，给人很多想象的空间。我觉得，既然是要表达一种观念，就应该具体地表达这种观念而不是具体的形象。

可能画家潘士强不会把这个世界看透，但却激情满怀地在思考和寻求，这就是人类自身的矛盾性和执著性，也是他的可贵性。他大量演绎着的都市是平凡生活里的思维场，在我们向来不加分析地面对这种习以为常的日常经验和过程中，他运用手中的画笔急切地去讲述心中的故事，并以另一种观念表达作为自我心中的神圣生活方式。

所以，潘士强的"白日梦"系列作品在主观真诚中得到艺术升华与获得自我艺术品牌的历史性。可证，艺术作品只有具备艺术的本质中的真实的艺术属性，也就构建了艺术的品牌基本属性，因为品牌是独一无二的，是差异的，也是带有个人符号性的内涵文化，这就具有艺术作品识别中的强势认知和联想。

艺术品牌定位是在母题定位和符号定位的基础上，对艺术家特定的文化取向以及个性差异上的一个选择性的决策，它是建立在与个性目标有关的艺术作品形象的形成过程和最终结果基础之上的。绘画定位是艺术本身与其个人观念所对应的一种内在的联系。潘士强的"白日梦"系列油画定位，是以个人独特的人生思考与哲学的审视为前提，在视觉符号的表现上，把人物、动物、风景组合成虚中有实、实中有虚的意象式的生活片段，给人无法言说却又神奇相通的妙思哲语的视觉认知。这一定位的策略，是原像解构与概念重组，是独特却又寻常的，让人们在无法触摸、难以表述的梦境生活中，呈现可感真实的意识，从而与受众情感建立了微妙又牢固的内在联系。

"白日梦"是将人类情感中的关怀、牵挂、思念、温暖、怀旧、爱等情感内涵融入作品定位中，使观者在观赏过程中获得一种情感体验，从而唤起观者内心深处的认同和共鸣，最终获得对"白日梦"的喜爱和忠诚。可以看出，油画家潘士强借用品牌管理，在"白日梦"中大打人性情感牌，较成功地专属订制了情感策略，以真实的情感和个性的流露引起了观者内心深处的震颤及强烈的情感交响；还有，他以意象流转与情怀依托的品牌内涵让人勾起无限的情怀追问和渴望。因此，从艺术定位的意义上说，潘士强的油画作品定位以个性的品牌细分而实现的。

一个成功的艺术家及其作品品牌，首先具有较高的知名度，然后是受众对该品牌的内涵、个性等有较充分的了解，并且这种了解所带来的情感共鸣是积极的、正面的。潘士强"白日梦"系列良好的品牌定位和品牌塑造，使得这一主题的油画具备了很强的品牌识别性和品牌认知度。题材贴近人心,易引起观者的同感和联想,这就构成了很好的个人品牌价值和知名度。

艺术家及作品的品牌价值是成功的标志,也是区别于其他艺术家的重要标志。"白日梦"系列带有一种梦幻浪漫主义的情结,让我们在日常生活中体现梦幻,在幻想中感受真实。这种题材与情感的选择,正是"白日梦"油画品牌最为核心的价值,也是画家最为个性独特的品牌精髓。艺术可被模仿,艺术品牌却不可复制;艺术表现手法、形式可以雷同,但艺术品牌的价值是无法取代的。

在艺术符号方面,"白日梦"系列油画的价值核心,体现在画家的艺术表现语言和时尚人物造型的变异上,呈现出艺术价值品牌的感性因素;同时"白日梦"的母题命名上,以及每一幅画的带有诗性的题目,加上"白日梦"同名书中散文随笔的哲语、感思融合在一起,构成了"白日梦"品牌的整体意境,给受众带来不同层面的感悟、冲击,步步走进我们的内心,共鸣同感,从而打造了强有力的品牌价值链,为"白日梦"筑起品牌美誉。

这个时代是没有艺术家群体,只有个人品牌的时代。当人们对这个艺术趋势还未公共认知之前,潘士强"白日梦"已经全面布局,领潮而动,他的这种判断、抉择以及行动,本身就是他敏锐而独特的"蓝海"艺术思维在这个时代的一份答卷。

随心而所欲　丛如日《变奏》为代表的艺术系列作品观后感

在这里,可能是一个意象的季节,心绪独步在梦境的街头,一种壮阔而又气势的艺术情怀,一种延绵、婉妙的水彩意象之风,一种同构变奏的象征性旋律,以及自由灵动的随心所欲,让我沉迷在这个别有娱情的意境之中。在这里,显现了画家丛如日先生别开生面对绘画艺术的探索,这是我难以忘怀的一种诗性的艺术震撼。在这里,让我亲身体验了艺术家那情态自由的另一种艺术的形式与格调的高度。

丛如日先生以"变奏"为代表性的绘画系列作品是一种心光的观照,意味着我们需要认真地关注他艺术创作的思想与意识高度。他的艺术作品之所以生生不息,正在于其中蕴含重要的艺术能动性探索的志趣侬侬。特别是他的代表作《变奏》系列水彩作品,完全是大艺术观下的锐智艺术感觉在深孤独状态中的"陌生化"寻找,构建其新的语境下的新艺术语义,作品中的那种别样而又坚实的带有艺术同构的视觉传达,给人以隆隆心跳般的观后共情与深刻的显性艺术启示。

其实，对艺术而言，任何艺术形式与内容，都可以成为我们视觉实验的学术起点，其中蕴涵着"思维革命"和"视觉气象"两大学术的解读。丛如日先生在以《变奏》为代表性的绘画系列作品中，通过笔下的"是"与"不是"的意识律动与巧思而又精湛的表现语言以及非常性的艺术表征策略，彰显出他独特的探索与优雅的心智，可以说，艺术家这种对艺术生命性的认知度，是令我们关切的。

综观中外艺术家作品，成功是不取决于题材的，而在于艺术形式与语言的非凡以及视觉感受的差异。在丛如日先生眼里，却不知不觉地超越了题材所限，小题大做，以小见大，如同他的《形式的高度》水墨习作系列，还有《格调的高度》系列与《趣味的高度》系列中的水彩等作品，让人们可以在最简单、最朴素的范围里，领略艺术家创造性的智慧和才情。本无主题的对象，或许是平常之中的心灵感受，或许是心情美好时的瞬间留意，无论如何，这是带有艺术家灵魂私语与心性空间的东西。然而无主题绝非无生命，因为它的存在就是在于真正激发其艺术家向往艺术新生命的激情。画家的基因里应该天生地具备移情的敏感，这样才能充分地唤醒自己并感动观者，进而去共同感受形式里所涵括的生命节奏以及艺术家去掉外界渲染面具以后的真容。在赋予作品生命的同时，图式也显现着另一种新的实验意味。其实，题材与图式的微妙转化，正在于形象的象征符号之功；凭借画家的功力和悟性，厚积而薄发，拉开了与常人思维不同的想象距离。因此，丛如日先生的诸多系列作品，已经预示着其中不同于传统形象之中的纯粹形式意味，并且可能是对于架上艺术理念的拓展与潜在孕育某种新的艺术转型。

我相信，世界上会有一种情感，是通过艺术形式的表达来实现的，这种情感只存在于艺术家个体精神的唯美真情。丛如日先生以《变奏》为代表性的艺术系列作品，恰恰以现实的情感为思考情形，从"大道从简，顺其自然"，完成了最美季节中的视觉斑斓，这完全来自于他"自在飞花轻似梦"的随心所欲与艺术自觉中的情态自由。

语汇的姿态　感悟画家尹宇宁心灵语境下的艺术表达

绘画是一种个性文化姿态。

这种姿态是画家的个人精神气质和心灵语境空间下的新艺术语汇呈现。

艺术的新语汇姿态，是艺术家以任意性途径和理据性手段及普遍性共同认知概念为艺术取向，伴随艺术语汇独特的绘画个体元素的活跃性和艺术规律的相对稳定性的交替，使其绘画作品具有了独特的美学价值和视韵感动。

尹宇宁的绘画作品代表了这种新语汇姿态。

这是一种在自我品质及温情语境中的姿态，一种另类的绘画表征的姿态，也是一种后现代女性的姿态，或者这根本就是一种在身边生活物象中拾取的变幻形态。

从尹宇宁画中我们感悟到：

让生活的肌理保留它的存在，对艺术最主要的策略，是以个体的心智品味主张，将作品指派为新的语汇姿态，还有，对生活采取极致表现的个性私有化，因此艺术不需要对经验的信仰，而信仰他人不是艺术本身。

不必对"大"无休止地迷恋，其实对"小"无休止地迷恋，你已经拥有了世界上最博大的自我世界，那就足够了。

艺术的新语汇表达更有其时代性。这个年代的艺术焦点与其说是震撼，不如说是"嗅觉"——对生活的嗅觉、对唯美的嗅觉，对物象挪用变取的嗅觉，对发现别人尚未发现的表现语言的嗅觉。所以说，艺术的魅力没有开始也没有结局，这就是艺术生动感人的价值。现时中，在我们的视觉文化里，很容易找到画面同步主义生育学"近亲"的场景，而且在继续支配着这个时代的视觉和空间体验，而仍然坚持自我艺术姿态，是艰辛的，同时也是愉悦而又昂贵的。

以上这些，尹宇宁做到了，有些正呈现出来。

可以坦言，尹宇宁的作品是一种新语汇中的新品类代表。她用新的绘画语汇表达，将生活元素与自我品位特质相融合，外延出新的文化符号，她以她的个性姿态方式，使艺术成为一种自我叙述的修辞学。其实，艺术的主体与客体，人与物，早就形成一体。

她的绘画与生活紧密关联的新语汇"小游戏"，就从这里开始。

笔意墨趣，透显情态韵气 青年书画家许洪林及其作品谈

通过一幅画能领略到画者的精神气质，通过一幅画也能读到画者的人格爽气。

但凡与洪林相识的人，一定会赞许他为人的豪情和仗义。他无论对师长还是对朋友，

总是诚挚而殷切。在和朋友结交中,他会"吃亏",不计个人得失,透射出潮州人那种特有的爽意大气和精巧的处事观,他以真诚赢得了好口碑。

情感之下,洪林是一位勤奋的艺术吸吮者。他是一位美术教师,为了艺术的追求,在而立之年后,考上了中国艺术研究院硕士研究生,师从我国著名山水画家许俊教授。在读研期间,他虚心向师长学习,作画习字刻苦,研读了不少书。无论寒冷和酷热,在他狭窄的宿舍中,习画练字不断,精读泛学。同时,在课余时,他也不断奔波于中央美院、清华美院、人民大学之间"蹭课",乘坐拥挤的公交车,往来其间。可以说,他在京读研期间,把时间用到了极致,也结交了不少京城师者同道。所以,几年中他绘画水平的长进和美术学素养的提高,是超常的努力所获,是师长和朋友们所有目共睹的。

正因于此,他的作品在笔情墨趣之外,透露出一种敦厚与文韵的知性。从他的山水写意画和现代书法中,可见探索传统之根,构成多以实验新法为旨意。其艺术个性耿直、敦厚而又灵动,下笔力求无媚俗,不落畦径,显露其鲜明的文气韵致,严谨中见精巧和朴拙。洪林的画中大胆采用"皴、擦、钩、斫、点"笔法,点与线的完美结合。皴法随手而来,墨渍或沉或染,山体和丛木在皴点渍染的过程中,前者显得苍而不枯,润却不软,后者更是肌理丰富,质地润泽,在远山、近树、空间、感觉的动感韵律中,呈现出勃勃生机,使画面构成一种新体又特殊的效果,给人一种澄澈、透明且清新、舒爽之感。

最后,祝洪林在今后的艺术之路中,以深学至诚而掘进,并在熔铸于笔墨的精神历练中更加纯美,凸显独特的丹青之范。

一种情态自由的"朗诵"　　悦观 Nouria EL ALAMI 女士的异文化表达

她,身处摩洛哥王国,随驻华特使 Jaafar ALJ HAKIM 先生来到中国。在中国文化艺术的博大精深中,虔诚地拾起一枚枚闪光的晶片,一口纯正的法语,在"朗诵"着中国。

其实,她的"朗诵"并不是那么娴熟,但却有着云卷云舒、云生云起的感受,是那么的自由,那么的空灵纯净,有一种独特和透彻的情态美。

让我不禁觉得,这个"老外"对于中国传统艺术从内涵到形式都下了不少的工夫,并成为激活她创作灵感的源泉,成为她艺术生命中多彩的注入剂。

悦观 Nouria EL ALAMI 女士的油画作品，从视觉表现形式上，充满了"设计"因素；在造型观念上，讲求"似与不似"，这些"非写实"的造型特点，正契合了中国传统艺术很强的装饰意味；在画面所渲染的氛围中，无不展现着地道的中国风；在节奏和许多细节的表现方式上，还是体现着西方人的表达思维。

这种跨文化的碰撞和交融很有趣，这种对异文化的表达，无疑给予我们许多喜悦的体验。

她对中国传统文化有着追究的欲望，以及她心悦地接纳爱与异文化的力量，这将会触动我们柔软的内心，让我们感动。

祝，独特的东方文化魅力，在世界艺术之林中熠熠生辉。

愿，Nouria EL ALAMI 女士在艺术之路上快乐地"朗诵"。

在情韵中既往

赵际芳是书法界为数不多的女性之一，她的书法作品里弥漫着一种女性含蓄内蕴的精神特质，是那么的人文真挚、那么的意境共情。在我看来，书法最高层次的美学要素是情与韵，书法的美属于视觉，同时又属于心灵。赵际芳的书法作品，一笔一画传达的是幽然感慨的性情，流露的是平和隽永的心境，有一种奔赴自由境界之大趋，让我感受到了文化情怀与文化载体之间相互照耀。

如今，艺术市场的繁荣和快节奏的生活，使不少书法家丧失了许多平实的心态和思维的空间，一件件书法作品背后附着一颗颗躁动的心，而赵际芳却用一位女性平素精诚的心，一如既往地行走。

个体世界主义音乐时代的崛起　　解读梁旭实验音乐的超现实性的心灵倾向

世界的发展从个体主义到全球化，走向了当下的个体世界主义时代。在这个时代全人类都处于同一精神共同体中，承认不同文化之间的差异，同样，也承认未来艺术的差异，正是这些差异，构建了这个时代的艺术共生与多面孔。

时代能使音乐艺术的语言空间和精神诉求更加宽泛。正因如此，一个带有新世纪象征的音乐形式应运而生，它以一种崭新审美范畴和超现实的表现风格以及深刻的心灵诉求，以一种古典与现代的巧妙结合、中国民族文化与西方文化的兼容并蓄，以浓厚的宗教与哲学、时代与人文、宇宙与心象的精神意味的文化取向，呈现出平静、柔和、优美、清新、自在、抒怀，以及充满天籁般空灵和松放心神的超现实之心灵之美。

音乐人梁旭，就是这个时代作为超现实心灵音乐的先锋代表人物。他以特有的音乐天赋和对艺术的忠诚，探索创作了许多温暖心田而又唯美动容的音乐。他的作品大都是以自然、宗教、心灵意识等为题材，弥漫着一种幽远深奥、神情自由的谐美氛围，蕴含着浓郁的人文风华和自然气息，还有人们与大自然的共融和安详的内在渴望。体现出世界主义中的个体性，把中华民族的气韵与西方文化相交汇，颇具惬意色彩和空灵冥想。使人们在恍若中有悟感，在妙曼中见崇高，将人们带入静心、宽容、复原、清新、宁静的境界之中，让人感受浪漫、感受温馨、感受自然、感受缠绵、感受含蓄、感受内敛。他是用音乐在表现心象世界的颜色，这是神秘的颜色，这是梦幻的颜色，这也是诗情的颜色。

可以说，梁旭是一位对音乐极具真诚而又奋进的艺术战士。他从事音乐创作二十余年，他的艺术生涯充满了传奇而感人的色彩。他自费并耗时十年，用生命、用心灵、用耳朵游历于世界。他将其所见所闻所思融入音乐中，注于音符间，以兼容并包的大艺术视野和洁净的个人精神气质，对音乐彻底、纯粹地释怀并跨界呈现，使其音乐作品超然于传统的抑制，跳脱规则束缚，给予我国音乐一个崭新的范式，一个不同于以往的丰满的象征意志，诠释了时代音乐的实验性美学特质和人类的精神内涵。

可能与个人十年的各地游历有关，梁旭的音乐注重对自然的奇妙声息与富有民族地域的乐器合成音效的运用，以环境音乐为基础，以自然声响及旋律构成，利用大自然音素和丰富多彩的乐器音色，营造极其优美的曲风，模拟出幻化的空间质感，创造了一曲曲优美的旋律和富于活力的节奏，赋予了超现实音乐鲜活的生命力，犹如一首对自然与心灵的礼赞诗。他的音乐同时也具有新古典主义的痕迹，将生态原音进行变异的音乐处理，有时甚至会达到一种不可感知的状态，创作出林林总总独特的、全新的听感，让听者融入自然的境域，在听音乐的同时能够得到类似治疗的效果，以此将人和大自然融为一体。从而突出了音乐的意图，让听者能够听着轻柔的音乐，放松心情，深深地沉浸于其中，体验真、善、美的人间佳境。以至令生活向我们展露它亮丽的本质，直接向人们的心灵倾诉。

　　面对梁旭的音乐，让我们在赞叹之余，开始投向追求理性自然的生活，追寻心灵满足的安然。一杯茶、一首曲子，让我们走进静默的冥想心灵世界。

　　音乐是情感的艺术，音乐也象征着时代的演进和形而上精神内涵改良的世纪新风貌。坚信，中国音乐的天空将因个体世界主义音乐的崛起，而精彩纷呈。

经典新风貌　黄琦雯音乐及个人品牌价值释读

　　似在梦中，却在今时，摩登与复古在时代的交汇簇拥中生动盛开。

　　摩登复古音乐人黄琦雯的音乐品牌价值，以张扬感性的曲风来传播中国式爱情观，尽显摩登浪漫、热情精致的贵族气质；音乐色彩具有硬质感的律动，又不失中国传统文化的内敛。

　　黄琦雯的音乐，以浪漫的爱抒怀，像一杯深秋的暖咖啡，感觉到的不只是暖意，还有浓郁的味道。无论是她的词曲创作和编曲，都能感觉到动力的源头；她细腻的演绎，将听者带入真实情感的陶醉之中，传递着昂首的生活观；让人在喧嚣的尘世中感知情感的返璞归真。

　　一切都会成为往事，一切也会重来，这是黄琦雯在音乐创作中的立意特征和艺术审美取向，她把那些曾经耳熟能详的中国经典电影旋律，作为自己音乐的创作来源，并赋予个性感极强的音乐风格，硬朗热烈又唯美素净，让人感受到了时空的穿越和后现代主义的艺术印记，彰显了音乐人那种高贵的心灵渴望。

　　时代肆意地回归，我们的心也随之荡漾到遥远的过去，时尚的轨迹划到了"古与新"的情结中。她用音乐来融合"古与新"的动人味道，并运用音乐中每个视听细节来重现中国之魅，令音乐充满戏剧化的华丽张力，至简至贵，让我们内心最深处的复古热情悄悄苏醒，蠢蠢欲动，渐渐涌上心头。

　　音乐人黄琦雯以摩登复古的艺术姿态与淡然优雅的气质，把经典的新风貌映入我们耳畔、眼帘，将会洗练成为一个新时代的烙印，昭示一个心灵回归的深情和酣畅的挥洒，如同一抹熟悉而陌生的馨香气息扑面而来，给我们带来深入心灵的纯净和激昂。

摩登与复古在她的音乐中凝结晶莹，旋律在她的心灵中绽放绚丽，我们在她的歌声中……

不落的梦想，爱未眠　　刘芸畅《爱未殇》小说序

翻着刘芸畅女士寄来的小说手稿，一字一句地沉溺其中。

忘记今昔何年时，曾听过一首蔡依林的《日不落》，通过温柔绵绵的绮丽声线，满满地占据了我内在外在有形无形的所有空间。

明明是诉说心境和阐释爱情的歌曲，却与手中这本充满现实意味甚至显见隐殇的小说意外地契合，就好像小鸟翅膀上的羽毛飘落在晒得蓬松干软的稻草上，奇妙的相遇，虽然看似不相及却又在重叠着，并共同渗着季候的记忆和阳光鲜亮的味道。

在这个四月的午后，我的书房里，叠像出一个可能我所不及的另一个世境。

小说《爱未殇》讲述的是三位美丽年轻的女子，在这座森林丛荆般的城市里摸爬滚打、跌撞前行的故事，讲述她们对于人生的那些细碎的繁复、渴望和梦想。

在悠长的文学作品中，一部部描述和探讨女性处境的佳作熠熠生辉、不胜枚举。天才的作家们将自己才华横溢的笔触和悲悯柔软的情怀，化成一行行文字，将对女性的思考与关爱一说再说，汇成一部部任时光逝去也不愿蒙上尘埃的理想化存在。我发现，男性作家在小说中所塑造的女性命运，常常是带着对于女性的深深的关切和怜惜，而在悲剧性的女性角色身上，如影随形地渗透于字里行间的遗憾之情，宛如一声叹息。这叹息也许苍凉十足却短暂而无能为力。

可是，在女性作家的笔下，女性角色不再是单薄脆弱的叹惋，而是蕴含着汩汩的生命力，这生命力是女性作者将自己寄托于角色中，对幸福追求的孜孜不倦和不断寻找幸福路途的诉求和愿景，这是关于生命的最美好的渴望，也是一种女性特有的情怀与梦想。

这梦想，在雅致的古典文学作品中，也许像《傲慢与偏见》中聪慧骄傲的伊丽莎白坚持要平等而尊严地得到爱情一样美好简单。可是时空转换到现代社会的今世今生，这梦想就忽然不再那么直接和轻盈，而是重重厚重，承载了更多女人显在的艰辛与潜在的内容。而刘芸畅的《爱未殇》，正是这样一部描述现代女性如何在嘈杂而又堪虑

的现实中，平衡复杂、追求幸福本身的小说。

小说中，在爱情、职场、家庭、事业等方面，作者在表述现代社会给予女性更多展示自身才能的机会并实现自我价值的同时，也充斥着一道道稍有不慎的失衡，与幸福失之交臂或者渐行渐远的难题，并通过对三位女孩——艾雪、易夏、林梓的人物塑造和性格描写，以戏剧性的矛盾冲突，揭示了现代女性坚毅中的现存性。她们虽然性格不同，且际遇殊途，只因心揣梦想，都在自我追寻的路遥中涉行，甚至焦虑，甚至错位，甚至失去和拥得，是那么的鲜活可见。

作者刘芸畅以极具现实主义的态度，在诚挚讲述一个精彩故事的同时，也试图探求这些困扰着许多女性生存状态问题和价值取向的最佳答案。因为这个答案的求解，来自一位女性作者，所包含的不仅仅是简单地对人们生存困境的揭示与思考，更具有了经过岁月洗礼后的先行者的人文与智慧参照。这就是我们光辉灿烂的传统文化中一再提倡的文以载道，昭示着某种示范和指导意味。

据说每位女性在成长过程中都需要一个知心人的真诚关怀与无微呵护，这个人，在你困惑之时，告诉你怎样做出准确判断；这个人，在你迷惘时，帮你做出最佳选择；这个人，其实也可谓你的精神引领人。作者刘芸畅的这本《爱未殇》，我认为，就是这样一个充满智慧之光和善良之心的知心者。

"造梦"战士的成长宣言　　刘彦君和他的动漫创意文学作品《光能幻影战士》

前日，我的朋友——知识产权出版社资深策划荆编辑造访我的工作室，寒暄过后，荆编辑道出了来意，请我为他任责编的即将出版的创意动漫文学作品《光能幻影战士》写序。本人以往曾写过一些艺术评论，但涉及此类作品的却甚少，所以起初不敢应承。在继续的交谈中，荆编辑叙述了《光能幻影战士》的创作及出版过程，特别是当介绍到该书作者的个人创业经历与事业梦想时，让我有所感动。其间，大体翻阅一遍荆编辑带来的样书，书中动漫形象设计的艺术特征性和视觉符号性，所凸显的美学张力和表征性差异，让我不可弱视。再者，荆编辑还提及，作者在人大就读在职研究生时，曾多次听过我的文化策划课。性情中，当即应下为其写序。

之后，在与作者约谈时，我发现这位身材健壮、面神憨厚的青年竟是我的学生，真是无巧不成书,他叫刘彦君。记得几年前在我人大的课中,他总是很早就来到教室,静静地坐在后排看书,上课时认真地做着笔记,那种虔诚的态度和求知的渴望,让我记忆犹新。

经过与刘彦君的长谈,我对他本人及《光能幻影战士》有了更深层的了解。决定写这篇"序"时,将不按往常的所谓艺术评论式去议论表现,要以现实性、普实性的真实感受来叙写表达。我想,这更为真实、直接和贴切。

刘彦君在与我聊这几年的创业经历和《光能幻影战士》的创作意图时,他明确提出了"自信心是一个人'正能量'源泉"的理念,并不时地显露出对人生"成长"这一概念的深层思考,我似乎感受到了这位年轻人的人生价值观和内在格局。

刘彦君是位有思想、有意识、有志向的青年。他毕业于北大法律专业,大学毕业后,执意在北京创业,经过市场调研和思量判断,放弃了所学的专业,开始征战于新媒体领域。凭借他为人的诚信、严实、恳挚和毅力,以及他自有的才华和一名真正战士的无畏品格,经过近十年的不懈努力,事业得以长足发展,并在某些领域具有了引领性,取得了可喜的成绩。

刘彦君创意设计的数码动画T恤、智能声控发光玩具、智能律动发光树等产品,获得了国家专利;2008年自创的服饰品牌NONO MARTINI走俏国际国内市场,这对于一个初创型企业实属难得。同时,他的努力也得到了社会认可,比如,2012年年底,基于他个人创业所取得的独树一帜的业绩,刘彦君被北京林业大学经济管理学院特聘为MBA社会导师。

读了刘彦君创意动漫文学作品《光能幻影战士》,让我感到,他的文字表达力和创意构造力均较强。

《光能幻影战士》讲述了归途岛的年轻人为了保卫自己的家园和族人的安全,凭借顽强的意志力和百折不挠的战斗精神,充满自信、坚持不懈地和侵略者——黑暗军团浴血奋战,在逆境中成长为新一代"光能幻影战士",取得了战争的最后胜利并且以德服人,感化了敌人,实现和谐共存、共生的故事。

《光能幻影战士》通过正能量的传递连接世界各种文化之间交融的纽带,传播中华传统文化中的和谐理念,以实现世界大家庭成员之间、人类和大自然之间和谐共存、共生,实现世界各国在地球村里和平发展、共同发展。

《光能幻影战士》的内容丰富、喻义深刻、情节起伏、节奏有序,充满戏剧冲突,引人入胜;主题曲歌词和章节题目箴言有力,贯穿着中国传统文化的博大学思,给人以思想启迪，创造了一个充满瑰丽的正义和鲜明的"正能量"。这个"正能量"的传递，恰恰是该作品的意义所在。人物塑造栩栩如生，虚拟中不失真实和生动，120多个人物角色设计，25个种类的衍生品设计，5个专利产品的设计和动漫商标设计，将中国传统文化元素与时代观念相融合，具有后现代的艺术视觉感和人文的生命力。

《光能幻影战士》运用了充满象征意义的民族符号，通过故事的叙述及展开，激发人们的内在潜能，从而使人们感到必须塑造一个全新的自我，使自己更加自信、更加充满活力，给人们一种健康乐观、积极向上的动力和希望，这与当下人们的情感深深相系，表达着我们的渴望、我们的期待。

《光能幻影战士》中的艺术表现风格更具跨界性；色彩运用与造型概念和谐统一；在人物视觉形象造型设计方面，精到而又独特，将民族性与国际性有机地结合，呈示出一种时代设计的新美学特征。

很难想象，一个大学里学法律专业、研究生期间学艺术学的青年人，能创作出这样独到的作品，细细想来，他内在的天分与外在非常规性的努力，是不言而喻的。

可以说，《光能幻影战士》的作者——刘彦君在用自己的成长，向我们朗读青春的宣言，他就是一名造梦战士，勇敢地向前、向前、向前。

无论成功与否，对于行进中的青年人而言，这并不重要，因为今天坚实的成长要比成功更重要。

环绕新民族音乐气质的庄美　　气质——新民族中国演唱会

"气质"是民族的端庄、是灵魂的映现、是音乐的姿态、是歌手的秀丽。

"气质"是一台新民族音乐灿亮典章的盛大集聚。没有什么能像"气质"这样使我们忘却很多而又记忆很多，远离了世俗而接近崇高，远离了浮尘而接近温馨，远离了烦冗而接近至真、至纯、至圣。

感受"气质"，是一种对曾经美质的追忆，也是一种渴望，渴望着婉妙、渴望着圆满，渴望着得到至爱的自己，犹如花季般的年龄、花蕊般的爱情和烙在心底的友谊一样让我们去珍视。

"气质"是表达我们民族轨迹的颤音。来自不同民族、具有地域特质的11位帅气和靓丽的歌手，用他们真挚美韵的声音，演绎着我们熟悉且喜欢的25首经典的新民族歌曲，幻化出心灵最美的意境，流淌出阳光的味道、大山的苍穹、草原的辽阔、溪水的清凉、风声的脆响、天籁的神景，飘曳成独特情感暗香的气质。

让我们用记忆去抒怀心中难忘的经典。

让我们用耳朵行走在新民族音乐的唯美中。

让我们相约，感受"气质"，拥抱2014。

心中的圣火永不熄　　2008鸟巢"不熄的圣火"大型国际文艺演出盛典

不熄的圣火，

是人类心中伟大的圣火，

是举世瞩目、震撼人心的欢庆盛火，

是世界充满爱的焰火，

是后奥运时代烈燃的希望之火。

北京奥运会的巨大成功，是中国人民向世界证明其能力和信心的一次伟大胜利，是人类历史上最跌宕辉煌的章节，是民族复兴的一座里程碑，是人类永恒的经典，世界将永久铭记。

奥林匹克的理想在古老的中华大地激情飞扬，奥林匹克的圣火，将我们和世界融为一体，燃烧在我们每个人的心中，传递着一种团结、和平，勇于拼搏的精神。

北京奥运会标志着一个文化艺术大国的崛起，承载着当今世界无与伦比的文化价值。惊羡的"鸟巢"构筑起中国30年改革开放的新界标，中国奥运健儿荣登金牌榜首，谱写出一曲民族自信与民众团结的颂歌。北京奥运会给中国注入了改革开放的新动力，提供了无限的机会，精彩的后奥运时代已开启，展望明天将呈现超越的伟大足迹。

在这样一个激动人心、充满理想与梦想的新时代前奏中，喜逢国庆59周年之际，10月2日在国家体育场鸟巢举办的"2008'不熄的圣火'大型国际文艺演出盛典"，将会再一次展现中国人民的爱国激情和艺术创造力。国内外艺术明星的联袂和中国奥运冠军的集结，将再次奏响团结、友谊、和平的欢庆乐章，让人们又一次亲受北京奥运会后的激动；2008奥运会开闭幕式的部分主创人员及文化艺术名人的加盟，将打造更具创意的艺术视听盛会，延续着北京奥运的绚丽色彩，彰显奥林匹克的价值和精神。

这将是一次"同一个世界，同一个梦想"的文化新演绎，这将是一次奥运精神的传承仪式，这将是一次中国崛起的盛大庆典，这将是一次用激情点燃辉煌的新艺术创新表现。

让"鸟巢"再一次见证激情与梦想。

让我们感受永远的奥运、永恒的圣火。

让我们相聚"鸟巢"，同狂欢一起飞。

最音乐：金培达的电影音乐

金培达的"电影音乐"，是一个与心灵同在的意识世界，是一种用来探索我们内心世界的媒介，也是一个关于心灵音乐性的追问。

当他把灵魂给予音乐，心灵音乐的精神性就得以显现。他以深度的音乐精神对浓郁的人文气息和自然时空的思考，以时代美感的意味，进行东方和西方文化哲思的交汇，进行一种奇妙的、和谐感的生命体验。用音乐来表达人类对理想与情感的赞颂，滋润现代人干涸的心田，唤醒我们对自然的尊崇之情。这就是他对生命、对快乐的"最音乐"理解和释义。

他的电影音乐，弥漫着一种古朴沧桑，粗犷宏壮，幽远深奥，空灵冥思，净化至纯的独特氛围，蕴含着东方文化数千年的沉淀与优美，构建平衡、和谐、安定这个世界上最完美的境界。

金培达的"最音乐"越过了世态，像一首天际间传来的圣曲，直接向人们的心灵慑服。这种神秘的隐与显、心与声相叠糅的情态自由，凸显了生命的体验和灵魂的升华——这就是他心灵音乐的本质，也正是以精神世界中的正能量价值为前提。

如果我们感知了这个本质与前提，我们就领悟了金培达的"最音乐"。

走过的爱就是一首难忘的歌　和钟梅一起"透视爱"

"是爱情曾让你的眼神多彩／那表情从未曾出现的可爱／什么时候我不再想要别

人的理解／只想要活在你眼里的那个世界／于是我沉醉，我越来越爱／眼前的缭乱挡住了我的视线／身边的诱惑让我找不到自己／为了爱情忘记自己最初的决定／当我透视 love/……我欺骗的不是谁而是自己／我奢侈的是时间也是生命／我渐渐枯竭的灵魂流不出心动的华彩／日复一日我期待着明日的开始……"

　　这是著名女歌手钟梅将在北展剧场举办的个人演唱会推出的一首荡气回肠、沁人心脾的轻摇滚歌曲《透视 love》，伴着那朴素、真切的旋律和激动人心的节奏以及她独有的坚韧而又高亢的音色，倾诉被爱的征服，可以感受到天空的辽阔、大地的承受、沧海的一泻千里，让人振奋，让人热血沸腾，同时以艰辛的情感述说，去审视失去的自己，寻觅明日的开始，重新获得对爱的坚持。透视走过的爱，传递着一种空灵的美感。

　　当期待邂逅了等待，当真诚拥抱着爱，一场骇俗之恋，如冬日的虹，惊艳的生命就会流光溢彩。为了爱情，我们会再一次忘记自己最初的决定，将会变得越来越坚定。我们不会因为有改变就不去做一次美丽的选择，我们不会因为有分离就不去表达爱的誓言。这就是爱，从焦灼的期待到忘我的冲动又渐渐地枯竭，重走"日复一日期待着明日的开始"……

　　无论走得有多远，有爱就会让我们的灵魂流出心动的华彩；无论走得有多深，有爱就会让我们绽放欣喜的笑容；无论走得有多难，有爱就会让我们内心变得更加坚强。

　　可能我们的经历不尽如人意，其实，走过的爱，就是一首难忘的歌。

　　失去的爱已是过去，明天的歌声要在今天谱曲……

哥们儿——牛

　　有人说，乌兰托嘎的外貌有点像成吉思汗，细细想来，还真有点像，特别是鼻子以上部分。其实，他就是地道的内蒙古人，出生在海拉尔。

　　初次认识他，是在艺人的一次聚会上，哥们儿能抽烟、能喝酒，也很健谈。朋友介绍，他是作曲家，当下热唱的内蒙古歌曲很多都是出自他的笔下。我不懂音乐，看到周围艺人朋友对他的热待，我并不以为然。由于我是搞视觉艺术的，对哥们的印象倒是颇深，算起来，他比我小一岁，但看起来，又好像比我大几岁，倒也还是有搞艺术的气质，有味道。

偶日，和几名国内较有影响的搞声乐的朋友一起去"钱柜"KTV，大家都争着点了几首歌，"钱柜"的音响不错，歌唱家的演绎也很到位，几首歌曲下来，让我激动，大加赞叹，说，这个曲子太牛了。朋友们忙说，这几首歌就是乌兰托嘎老师的作曲。我惊愕：牛，乌兰托嘎！

第二天，急忙去音响店买来乌兰托嘎老师的《天边》《呼伦贝尔大草原》《父亲的草原母亲的河》等一堆CD。细细品来，激情万分，让我对美丽的大草原亲爱倍加，对曲作者崇敬不已，这就算是我真正地认识了乌兰托嘎。随着往来，我们的接触越来越多，对他也越来越了解。听说，朋友宁才导演的电影《季风中的马》的音乐是托嘎老师作的曲，在国内外都获过奖；腾格里塔拉的大型舞蹈史诗的剧目是他的作曲；德德玛和腾格尔等歌唱家的很多曲目都是出自他笔下。他圈子很大，朋友很多。他可算是一位侠人，为人秉直，待人真诚，也是艺术家中少有的情商高的人。

前日，我应邀同乌兰托嘎老师等人前往内蒙古通辽市民族歌舞团。内蒙古人很好客，能喝酒。我不胜酒力，晚上，陪他们一直喝到凌晨三点。次日早上，又有朋友上门，应邀去喝"硬早点"（打听才知道，所谓"硬早点"就是白酒）。为了躲避这场浩劫，我和乌兰托嘎老师索性躲进市府宾馆，同来的哥们儿前去应战。一个上午，我们俩就通辽市民族歌舞团的大型歌舞史诗《蒙古风》，大谈各自的见解；对当下有些艺术现象各抒己见；对央视热播的青歌赛进行了议论。让我记忆最深刻的是，当谈及选手的专业技术表现时，他做了这样的比喻，在这个世界上，动物的吼叫与鸣啼，远远超过了人，人的歌唱艺术表达不能同动物一样，而应该通过自己对作品的深刻理解，以情带声去表现。否则，单从共鸣角度讲，人远不如动物。这时我想起来，上届青歌赛上，有位青年选手，演唱腾格尔的作品，作为评委的腾格尔给这位选手打了最低分。事后，有人问这是为什么，腾格尔的回答是，他根本不理解作品。是这样的，人区别于动物最大的特点就是情感与思想。正谈在兴头上，通辽市市长敲门而入，来探望托嘎老师。当谈到通辽市的文化产业发展和城市建设时，托嘎老师大谈建树，并还涉及视觉艺术领域，让我折服。是啊，艺术家就是一个综合体，绝不是单一的。我心中暗叹，牛，乌兰托嘎！

牛归牛，也惹来了我对他的妒忌。在返京候机的一幕，让我很是感触。在机场大厅内，众人以崇敬之意，窃窃私语，"他就是《呼伦贝尔大草原》的作曲者"；在登机安检中，一位工作人员看到托嘎老师的身份证，旁若无人地大叫，"您就是乌兰托嘎老师啊，我太喜欢您写的歌了"；在候机贵宾休息室里，正赶上中央宣传部领导、内蒙古自治区宣传部部长等人也在候机,当看见老友托嘎时,宣传部部长向北京领导介绍,"这就是《父亲的草原母亲的河》的作曲者"。大家争相与他交谈、合影。看来,艺术的魅力是无权界的,一首好听的歌感动了多少人。站在一边受冷落的我,插空和托嘎老师说了一句:回北京后,哥们儿我也搞作曲。

期待着他的新作品问世。

顺其自然 从宋协民先生的诗性摄影中感知窥见

坦率地说,我为艺术界很多名人写过专访,而今为一名"业余"艺术爱好者去写和其艺术相关的东西还真是第一次。

前日,经友人推荐,我帮宋先生的《岁月颂歌——老宋和朋友们演唱会》做些有关"策划"的小事。之后,与他的接触多了起来,一次偶然的机会,目睹了宋先生百余幅的风光摄影作品,眼前图像的率真与美感着实将我"震"了一下,惊讶之情难以言表,我执意要去写他。

其实我与宋先生认识时间不长,之前交往程度不深,而只是在几次朋友聚会上擦肩相识,偶尔也聆听过他的豪情放歌,只悉,他操守坚正、广交朋友,他热衷于大草原的天籁曲音,并录制了《忘不了》个人演唱专集。

在交往中,我对宋先生有了更多的感知——一位性情平和、态势朴素、有生活品位、有艺术感觉的"真男人"。

因工作关系,宋先生跨过高山峻岭、走过荒漠枯地、亲临过圣地洁湖、体验过塞外冰雪、感受过江南春色……

他用真诚去歌吟岁月,关注季候、环境、生灵;他用图像去表现平肃的、欹倚的、亭亭玉立的自然;他用"天眼"去演绎色彩、线条、肌理、光晕、构成。

从他的风光摄影作品中,流露出他对生命无常的感慨,传递着他对生活一如既往的冲动和热情,窥见他心底波澜壮阔的涌动,透射出一名"真男人"心底里持有的含蓄和柔情。

宋先生的摄影作品,让我们领略了一首首梦境般的抒情诗;让我们读懂了"庄周梦蝶";让我们窥见他与自然的顺合与多彩。

美丽的快乐是从心里生长　　著名影视演员方青卓快乐的心生活有感

但凡和方青卓相识的人，都会被她心生的快乐而充溢着快乐。

生活中她不会没有失意，而面对现实，她却用优良心怡的搅拌器把生活做成甜汁，这就是人与人的差异。

快乐是生命之源泉，失去了快乐，则生趣索然，生活黑暗、惨愁。快乐是生活中的艺术，是一种生命中的"大美丽"。

我想，那些面对现实的平庸和心灵的不悦，却依然不枯竭对快乐的愿望和渴念的人，是因为从心中盛开的快乐是不会凋谢的。

那些在岁月的尘埃覆盖下依然光芒灿烂的人，是因为有一颗玉石般亮丽耀目的心境；

那些在困境中，却依然面带微笑誓言不败的人，是因为生存的伟大就是从心里出发的康庄路。

一个人在生活中的宿命是自己内心的自然，是生长在其心中的那颗种子，有好心态去滋育就会生长参天。

心是生命的内核，快乐是从心里开始成长的。

在寻找的路上　　中国人民大学艺术学院教师设计展前言

感谢这个偶然但又可以说是必然的因缘，我们在这里相聚。而今天，可以说这是我们向我院十周岁献礼的仪式启动，也可以看作是我们的艺术设计观念与教员自我寻找的求证。这里没有传统教学模式的干扰，我们渴望真实，这种情景已经在我们每一位教员的潜意识里重复了无数次。

我们没有特殊的整合策略，并且，也一直反感那种对教学形式与形态逢场作戏的虚假。我们就是我们自己，我们相互审视，绝不暗通款曲，独特的美质在今天展示的镜子中辉映。我们"增进了解""加强互动""实现对流"——我们已经厌倦了这些虚衍套路的词汇，因为"模式""标准"在现代艺术教育面前显得多余无力。对于艺设计而言，相互的类同往往意味着观念的重复甚至个性的取消，教育需要对应，但应拒绝重叠和重复，这是我们的愿望。而教员之间也同样对应而不重叠，各自因纵向的文化深度和人文价值取向，而呈现出迥然相异的性格和独特的魅力。

在韩国的街头漫步，异国的文化艺术性格与艺术设计教育的关系，这是我们在艺术考察中最微妙也最复杂的内容。我们不太注重那些可以轻易归纳的"宏观规律"，而对那些直奔主题的理解和阐释套路也缺乏兴趣。我们在乎寻找，因为艺术设计教育需要寻找的创造，而理解更需要寻找的心领神会。

不必深究本次展览的艺术的命题，但却可以感受到"展览"的旨义，不必去琢磨"展览"的体例，但却能发现我们各自特立的所有细节。同时，今天为明天许下我们的诺言，今天的表达就是明天寻找自我的主张和谶语。

对于我们，作品首先是一种情感的投入，它以一种反向张力为不规矩的方式营造了一种自我紧张。我们需要这种紧张，这是今天与昨天的紧张、各自观念对质的紧张和面对"观者"评说的紧张。没有紧张就没有个性，没有紧张，我们就失去了继续前行的动力。让紧张的动力在现实中放松、放大，这就是艺术观念与艺术教育求索的源泉。

可能，今天的展示有"小题大做"之疑，但我们绝不"就事论事"。

中国人民大学艺术学院和我们一样年轻，朝气蓬勃，突飞猛进，我们用速度把"辉煌"拉成七彩的轻纱，抛撒在金色的日光中。我们是永远不长皱纹的美女，我们的生命字典里没有"老化"这个词，以至于我们今天还有清晰的青春痘。

我们在寻找卓越的路上，我们愿为艺术学院明天的壮大做历史的胚胎。

但愿，教师是我们受之无愧的伟称，看看吧，朋友们，可以用年长或者年轻的目光，自由地去选择你们的审视坐标。

让中国文化因设计而时尚　　中国人民大学艺术学院赴韩国釜山大学艺术作品交流展

在世界民族文化之林中，中华民族的文化特征具有鲜明的历史厚重和民族特色。汉字以独特的艺术形式记载和传承着中国的历史与文化，每一个汉字都凝聚着中华民族的智慧与结晶。

中国人每天都离不开汉字，汉字已成为我们民族最经典的视觉符号。汉字有着中国文化艺术精神的审美取向，是一门成熟、优美的抽象艺术，是视觉设计艺术中一种精彩而又生动的元素。

中国人民大学艺术学院赴韩国釜山大学艺术作品交流展，是一次跨文化的视觉与思想的沟通。本次设计作品是中国人民大学艺术学院设计系部分师生以"汉字"为主题的设计作品。贯以"民族的才是世界的"文化理念，以推动中韩两国之间的文化学术交流为目的，是本次活动的宗旨，以提升其交流展的视觉丰富性和讲叙设计的融合性。

我们用文化提升，我们用设计说话，以传达汉字的绚丽之美，展现中国文化的意味与魅力。

让中国文化因设计而时尚起来。

让中国历史因设计而鲜活起来。

让"汉字"走向世界。

理疗一种　　小题大做或大题小做的设计素描课教学展

大学设计基础课应怎样去实施完成，这是一个至今未能得到正面甚解的问题。传统的设计基础教学已不能和当下"设计"本身相匹配。因为，这是一个"超设计"时代。

真是翘曲，一位讲授文化策划和创新思维的教员去实验设计素描教学方式。

沉细想来，这又有一定的合乎性：用另一种智能方式去解放学生的天性，把创意用素描媒介去呈现，把思维训练融入习惯表达中，让思想与观念在基础课中升华，这不正合乎了设计教育旨意的创意、创新、创造性吗？

中国人民大学艺术学院，享有独到而又肥沃的人文学科土壤。如何在竞争中生长壮大、如何在社会中纷呈绽放、如何让"生命"的硕果芳香，我想，把人文思想和尊重学生的个人精神气质与艺术交融，方是新时代新艺术教育的核心美学价值及"陌生化"交响。本次设计素描课，就是在试图，试图在"物化"中突围、在模式中"活化"；试图让学生学会运用习惯媒介来进行人生思考及观念表征；试图调动学生个体的自我智能和艺术学习中的自觉与自悟。应当说，我们正在努力。

视当下而言，我对只适合知识时代的大学"教课"一词不太恭维。在这急利、浮躁、知识拥挤的时代，我认为，移位医学"理疗"应更为深刻、贴切和有效。理疗，就是将人工或物理因素作用于人，受疗者再能动地自发接受，使之产生有利的由内而外的反应，达到预防、生成、改变和治疗的目的。其实，大学生进入大学后的每一次课程，不正是在接受着大学文化环境及教员从思想到技艺的理疗过程吗？当然，从教员职责方面来讲，今天所提出的"理疗"概念，更具有现实意义，即教员是关注学生健康成长而陪伴同行的那个人。因为大学生的成长比成功更重要。

不知这种小题大做或大题小做是否奏效。无论怎样，改变一下运作方式，也可能会找到多种差异新类的方法。

最后，感谢2009级本科平面班的同学，是他们在用自身的能动和学习的严谨，刻画出课堂的生动与习作的精彩；当然，也要感谢艺术学院的学术和谐。这仅仅是"理疗"一种。

中国演艺市场之现状说

今天，大家都在谈我国演出市场发展的繁荣景象。有的演艺产品是成功的，既收到了社会效益，又获得了经济效益，据我所知，也有的演艺产品在生产中投入了大量的人力、物力、财力，当投放市场时却黯然或流产。从全国演艺市场来看，好的演艺产品和有影响的节目太少了，呈现出"繁"而不"荣"之现状。社会在发展，文化消费市场也是在变化的，而演艺产品生产方和演出中介商、策划者没有把握好市场的脉络，所以，出现了演出天天有，但产出与收入的比值极不对称的现象。就当下北京演艺市场而言，部分演艺产品无创新性，只是简单的"拼盘"。因大众传媒的发达，过去的所谓几个艺人拼凑一场公演耀目夺人的时代一去不复返了，即便是大腕专场也毫无决胜的吸引力。还有，进入市场的大部分演艺产品间无差异化和市场化定位策略，更无大众审美艺术取向可言，我认为，这种现象存在的问题症结包括以下方面。

首先，产品制作人对当下文化艺术市场中消费者的有效需求没有掌握。所谓有效需求，是根据市场多样化的需求去寻找和制作者的自身条件、能力相符的需求来选择决策。演艺产品的出品人需懂得，不是所有的市场需求对你的产品都是有效需求，因为有效需求是决定市场需求的前提，这需要做市场调研，做市场各类艺术产品的整理和理性分析，并对自身创作能力和资金能力进行实际的评估等。

出品方缺少高水平的产品策划人和市场营销人才。有部分编剧、导演、演员水准不高和精品意识不够。在演出形式上，缺乏适应市场需求的灵活性。演出中介商观念陈旧，缺失"时代美"取向，看不清瞬息万变的市场，功利性过强，适应时代的营销能力不强，以及国外的经典剧目进入我国，冲击着本来尚未成熟、又不规范的国内演艺市场等。

由于文化产业的升温，许多出品者随势"误"入演艺市场，在资金不足的情况下，盲目开始产品的生产，所以带来了质量上的大问题，因缺资金，在产品投放市场的前期宣传上也无推广力度，从而造成了恶性循环。

有部分出品人，只凭个人的喜好，对演艺产品毫无认知能力，对演艺市场的"伪"性表征没有深刻的透视，一无研讨论证，二无强势的判断决策力和营销策划团队，便盲目地上马，使之沦落于商业公演时的败北群体之中。

在作品的创作方面，缺少新生代创作力量，许多作品原创性不强，抄袭仿冒，同时也缺乏艺术性、娱乐性和商业性的有效结合。

在制作团队方面，缺乏专业化的制作人才，表演人员水平良莠不齐，致使部分作品粗制滥造。

演出产品策划人和演出营销策划人欠缺，充塞演艺市场的所谓"策划人"参差不齐。现活跃在演艺市场的所谓策划人，大多只凭经验，是只会流程而不懂创意策划营销的演艺市场的"老油子"，甚至，长期潜伏在演出市场的"黄牛党"也在"策划"组织演出。这种现象随着市场的残酷竞争会慢慢失去地位。

专业表演艺术团体与演艺中介经纪公司合作意识不强，合作方式与手段单一。

在演出市场的合作方之间，营销与管理不够规范，某流程环节中的商业运作有严重的"黑幕"，艺人的出场费过高，占用了整个产品投放资金的大部分。

演艺中介公司无品牌意识，没有掌控艺术产品潜质的能力，没有周边开发产品多元化的意识。

我国演艺文化消费市场还未培育成熟，大众的文化消费习惯和消费观念及潜力尚欠缺。

面对这个现状，我认为应从以下几个方面去思考。

首先，我们不应把全部精力都投于艺术的本身。有时，单纯地苛求艺术水准也是害人的。艺术发展到今天，就当下演员的个人技艺水平似乎具有同质化现状。我们现如今缺少的不是大腕明星，而是专业的文化艺术策划和宣传推广人才。一台节目首先应由策划团队制订出方案，再由编导、舞美人员、演员去执行并进行二度创作。所以说，一直处于传统模式的中国演艺机构应增大相关策划与推广的人员吸纳。

谈到推广,很多演艺生产机构也都设立了营销队伍,天天跑关系、拉演出。其结果是有上顿没下顿,有的按照甲方或投资方的旨意编排节目,降低了节目的水准和演出方的品牌形象,还美其名曰"这就是迎合市场"。我国的演艺市场,应提升团队品牌和节目品牌。推广,先要建立品牌意识,有好的宣传营销策划,做好公共关系(公共关系,是在社会上"购买"空间,它并不公开"出售"产品;公关活动就是"新闻事件"以引起人们对你的关注)。文艺节目是艺术产品,推广艺术产品的同时也要推广"生产制作人",包装人物和节目,这是走向市场必不可少的环节。同时,演艺机构的推广人员应该具有演出经纪和市场营销策划的能力与水准。

今天的艺术已走到了极致。这样一来,就需要边缘学科来充实、融合和发展。同样,边缘学科的人才也需要介入其中。一台文艺节目的策划与创意,可以吸收社会学家、作家及其他文化艺术门类的专家、学者来"共商大计";在节目的编排上,除需要本专业的专家编导外,也应听取边缘学科人员建议;在舞美效果上,应吸纳其他门类的视觉艺术家参与。因为,艺术走到今天,现有专业人员的创作设计思路越来越程式化、模式化,不足以给观众带来视听震撼。打破传统的创作模式是今天演艺创作人需认真研学的一门功课。事物发展的规律就是从无序到有序,再到无序重建有序的反复过程。

中国的演出票房市场,具有"两重营销市场"的特征和变化,过去是以单位买单为主体;现在是个人买单为趋势。出品方在产品的策划创意编排上,抓好选题策划,或突出主旋律,或反映百姓身边的事情及观众熟知的事件,创作出能够鼓舞人且反映现实生活及具有本土化的时代优秀作品,才能让消费者接受,从而真正地赢得市场。在艺术的表现形式上要具有时代性、娱乐性、时尚性和创意性,以达到视听艺术传达的感染力。事实证明,中国的文化艺术及其他领域的成功策划,很多是和社会气候密切相关的。当然,对纯娱乐性演出应引起高度重视,一定会受到今天消费者的青睐。再者,可生产一些投资较少的小剧目在小剧场演出,这是今后我国演艺市场的一个新走向。

演出中介商的演艺产品经纪代理在当前占有演出市场份额较大的一块。所以,演出中介商首先要解决自己的内在问题:学习国外先进经验,拓宽文化艺术视野,改变传统的演艺市场模式,勇于创新,提高策划人的文化力,重视营销队伍的建设和演艺管理,提高其专业素质,做好市场调研,树立品牌意识,加大资金投入力度,破除"机会主义"的思想,等等。

另外,规范演出市场机制,规范演员出场费也是刻不容缓的。

对我国动漫产业及动漫教学的思考

综观欧美、日本、韩国等动漫大国的发展，不难看出，经过不同时期的发展才有了今天的辉煌。所以，中国动漫产业还有很长的路要走。从世界动漫产业的一般进程而言，其产业链是由"动画制作完成 – 电视及网络视频播放 – 动画出版物上市 – 动画片相关衍生产品上市"构成，其中的"动画片相关衍生产品"环节，已是世界动漫大国成为利润运作的主要来源。而我国动漫产业的现行中大部分还处于前面几个环节之中，并对动漫产品"大生产"整体性的理解过于局部化，呈现出动漫产业整体发展"生态链"的单调，这是个发展过程问题。从动漫产品的生产过程来看，主要是由"前期调研策划 – 内容构思创意 – 技术手段加艺术化的制作 – 产品营销推广"这几个环节完成。而目前我国的动漫机构、动漫教学单位只偏视于"技术手段加艺术化的制作"、弱视"构思创意"、无视"前期策划"和"产品营销推广"环节，高校动漫专业方向的设置过于狭窄，这是动漫产业的内在机制和发展走向问题，这势必影响我国动漫产业的快速健康发展和繁荣壮大。所以，面对中国动漫产业发展走向和当下动漫专业设置和教学现状，我们应从如下几方面进一步思考。

首先，我国现行动漫没有形成真正的产业链。要想加速动漫产业的发展，应进行产、销分离的商业模式运作，即策划、创意、生产和推广，这样既加强了模块的专业化，又减少了各部分的资金投入，躲避和降低了市场风险，同时，也拓宽了动漫的产业化运作。日本、韩国动漫产业的快速发展，已为我们昭示出这种商业运作模式的成功范式。

谈到动漫产业的模块分离和产业的平衡发展，我们再来看看我国动漫教学机构、企业及动漫人，只停留于生产与技术的环节中，一味地配置"先进"软件和设备，单一地追求画面视觉水平和技术表现，而其作品却毫无情节创意，缺失时代性和市场性。所以，有人比喻我们的动漫是"一流的技术，二流的情节，三流的创意，四流的策划推广"。这种情况恰恰颠倒了动漫产业的初衷与核心及商业化的运作。不是吗？有人花上千万元资金并动用大量人力物力，制作了前期无目标策划、没有内容创意、没有时代感的所谓极具"艺术性"的动漫作品，却又不知怎样营销推广，也没有衍生出相关产品，最终闲置库房，隔世遥遥，这样的例子太多了。事实证明，当下市场不需要这样的纯艺术品，市场需要一种大众化的文化消费品。

其次，中国的动漫教育也存有很大的问题。所有高校的动漫专业设置，都是以艺术加技术为教学终极目的，教师队伍大多是以研究动漫表现技术制作组成，这对我国动漫教育的导向及未来的产业发展是极为不利的。有关资料表明：世界动漫大国早已把用左脑工作的动漫制作交给中国及几个动漫产业较落后的国家完成,而把用右脑工作的前期创意和后期推广留给自己运作。我认为,要推动我国动漫产业有序健康的发展,必须从高校抓起,在原有基础上,应成立相关"动漫创意与营销"专业,培养"动漫策划与推广"人才,以适应动漫产业的发展需要。相关动漫制作企业应加大动漫前策划后推广的力度,这样才能有效地参与世界动漫市场的竞争。

本人曾写过一篇题为"创造中国动漫经纪机构的新概念,探求中国动漫产业新高度"的策划文案,主要针对我国现行动漫产业的有关问题,提出动漫产业中应尽快出现对优秀动漫作品及动漫人的经纪机构。这包含着"创、产、销"分离的一个产业实施概念,可直接借鉴我国现在比较成熟的艺人经纪的运作机制去实现动漫产业中的经纪化。这样一来,可以培养我国优秀动漫创意策划和产品营销人才及吸引大批世界动漫产品和生产人,从而加速中国动漫产业前进的步伐和健康有序的发展。

对现在中国动漫产业的产品生产而言,当务之急是创造民族动漫品牌,塑造中国特色的动漫形象的原创作品。就现实来看,我国还没有形成一个成熟、完善的动漫周边产业链,也没有相关配套的商业运作模式,同样,也没有动漫产业的真正盈利点,这对动漫产业的发展是非常不利的。从马斯洛"生存的需要－安全的需要－社会的需要－尊重的需要－自我实现的需要"的层次需求理论来看,人们已经从注重商品的使用价值提升到达到精神满足,从而出现了一种新的消费——符号消费,这就是我们常讲的文化工业特征。

另外,文化产业是由内容产业和创意产业构成的。创意产业不仅仅包含动漫,创意产业涵盖的文化艺术领域范围是广泛的。而我们有些地方政府主管人员一提到创意产业就大力建设动漫基地、盲目引进技术设备,却忽视了创意产业中的内容性及文化产业中的内容产业,有的也造成了投资浪费,这也是影响我国文化产业发展的一个误区和原因。当然,在中国文化产业进程中,加大资金的投入是当下所必要的,好的设备和制作人才也是需要的,但千万不要只盲视于这几个方面。

最后,国外的动漫产业已发展了一个较长的时期,有着自己独特文化特征和从启动到蓬勃的特定历史环境。今天的我们绝不能去盲目模仿他们的表现形式和盲从于国外动漫产业的发展之路,因为当下社会的格局已完全发生了变化,所以,这对于我们起步较晚的动漫产业,更具艰难性、挑战性、机遇性。只有真实和自信地面对当下,寻找具有民族特征的表现形式,重视动漫产品的策划与推广,注重动漫产品的内容创意,创建高校动漫专业新学科,创作中华民族动漫形象的优秀原创作品,注重营销力度和周边产业链的挖掘,踏出一条新路,从而推动我国动漫产业繁荣壮大。

2013—2014 品牌中国艺术年度人物获奖推荐词（选）

（一）

他，以心为源，以意为脉，以象为歌，潜意识在油画布上放飞"白日梦"。

他是一个性格内敛的人，在淡然的心境中却无常地涌动股股心底的波流思潮，他把对人生的哲学思考用绘画来表征，把内心的强音用"白日梦"作品触及人们的情态里。

有人说，他是中国潜意识画家代表；有人说，他是中国把梦境作为绘画母题表达得最多、最深刻的画家；有人说，他是用绘画表达人生情感的思想者；也有人说，他以新闻工作者独特的发现和视角，用画笔咏歌心中浪漫的情愫。

他的作品被国内外收藏，并走出国门，作为一名中国艺术家，扬名国外；他被艺术藏家视为具有成长生命的潜力画家。

他把绘画视为生命的一部分，他就是著名意象油画家——潘士强。

（二）

她，是这个时代的时尚引领者，她用时尚来表达生活，在生活中栽满时尚的鲜花。让时尚文化开满生活，绽放于时代。

她没有把青春美貌搁浅在过去的时间里，她没有把幸福建构在自我的窄狭空间中，她用青春与知识交换，她把知识转化为能量并服务于社会，她让经过青春积淀后的厚重与光彩照耀事业。

在这个新媒体时代，传统媒体如何应对，这是每个传统媒体人所思所谋的一个时代性课题。她以自己的智慧、思略和组织管理的新方式，为杂志创建了新型发展战略和差异运营模式，让杂志在品牌创新定位中求发展，在发展中求上升，使杂志获得了更加广阔的发展空间。

她就是，一位谦恭、和蔼的时尚女性，知性艺术管理者，《世界都市》杂志社主编、资深媒体人——王辉。

（三）

她，用真挚、清纯的甜美歌声讲述心中的大爱，她将民歌融入个体新艺术时尚中，让我们感受到了穿越时空的幽明与后现代艺术的英耀，时尚新民歌在时代的新唯美中生动绽放。

她的歌声，热烈大气而又唯美甜润，如同一抹鲜丽的时代气息扑面而来，让我们领略到纯净与激昂的生命波澜，彰显了歌唱家那种高贵的心灵回归与深情。

近年来,她不断推出优秀的原创"中国风"新民歌,她是海峡两岸文化交流的使者,她多次获得国内外各种文艺赛事奖项。时尚新民歌在她的演绎中凝结为晶莹的旋律,在她的歌声中绚丽绽放,我们的感动起伏跌宕在她的音乐中。

她就是国内歌坛颇具潜力的实力派时尚民歌手,是民歌"中国风"音乐的传播者,中华全国总工会文工团青年独唱演员——李昱和。

(四)

他,在艺术与科技的路上信步,探索是他充满渴求的艺术呐喊,他把新媒体的应用渗透到绘画领域,让新世纪绘画披上科技的盛装,让时代绘画在手指的触摸中碰撞出绚丽的火花。

他以自我艺术姿态,漫步在人们可见的事物中;他以人性内在的本真和"大我"的思想深刻性,拨动人们情感的心弦。

也许,科技不会永远被动地接受艺术的挑战;也许,科技在诱导着当代艺术家的大胆创新;也许,他在自己的绘画世界里,不断地找寻着绘画与科技的结合载体。无论多少个"也许",他还在"也许"的路上。他要用无数个"也许",来证明这个时代的绘画走向,或用他的实验,来诉说科学技术在创造艺术这样一个时代的至理。

正是这些数不清的"也许",令许多专家学者给予了他高度的评价;正是这些数不清的"也许",令文化部特邀他以时代艺术实验者的名义举办个展,并把他的作品作为赠送外国使节、宾客的指定艺术礼品;正是这些数不清的"也许",令他的作品可称为中国新媒介艺术实验性绘画。

他就是让绘画艺术呈现出一个具有时代光环的艺术探究人——董唯。

(五)

有人曾经这样评价她,她是一位善良、踏实、质朴的人。我说,一个人的言与行是自我心灵的写照。正因如此,所称道的"善良、踏实、质朴"只是她心存大爱的自觉外显,所以,我更想说,她是一位正能正德、心定使然的女性。

正因她的心定使然,她对自己所选择的工作,一直坚持不懈、恪尽职守,重复着一种热爱,那就是对中国水墨文化的传播。她热爱中国水墨艺术,积极传播中国水墨文化,她把艺术经纪与艺术策展视为自己对事业的忠诚与爱的表达。在入行的七年中,她以诚信对人、以能力践行、以思维取胜,在美术界赢得了众口一字:"赞"。

一个人发出的"爱",是能够通过接受方而反射到自己身上的。不是吗?在短短的几年中,面对这个拥挤的社会,她善行待事、诚信对人,从而拥有了属于自己的位置,享有了美誉。她创办了文化传媒公司和水墨艺术专业性杂志。她多次策划组织了国内颇具影响力、名家聚集、级别至高的大型美术展览及艺术活动,深受赞道。

她就是北京台湖国画院副院长、《水墨中国》杂志主编、北京艾禾时代文化传媒公司总经理、著名职业艺术策展人——朱莉。

(六)

她,是这个时代的时尚与古典的编制者,她把女性的身姿用美丽来交融,让东方美韵之花盛开在时代的花坛中。

她用美轮美奂的审度,悦读东方古典的艺术符号;她用时代的气质风尚,打动女性温情之情;她用对生活的理解,绣制如同生命般的惊艳,让旗袍艺术之花开满今天,开满女人心。只因她在坚持,一个旗袍世家飘逸出第三代传人的感人故事;她用自己的坚持,创办了全球首家以中国旗袍为主题的体验式博物馆;她依然用自己的坚持,创造了一个带有艺术精神气象的"旗源"标签,其实这是一个品牌,一个充满灵光的秀丽而又诱人的品牌。

她用责任映现出件件新唯美的交织,让旗袍高唱着重读女人心灵繁华的歌谣。她就是,"旗源"品牌创始人,中国优秀服装设计师——陈燕琴。

(七)

他,是一位敏锐的创想人,他以这个时代的文化取向为事业原则。今天,他决然从一位著名的品牌设计师涉足文化艺术产业项目的投资和运营中。

十几年的风风雨雨,十几年的探索,他在坚持中选择,他也在选择中坚持,他坚持着大艺术的路径,他选择了这个时代的精神需求。他把创新发展作为事业的核心,在出版、广告、品牌管理以及文化项目投资方面,都取得了骄人的成绩。

时代摧人进,举步先锋人。近年来,他以敏慧的视野和文化格局,把目光投向了大学读书项目,在短短35天的时间里,分别策划投资了两所大学的乐活式读书馆,在建设中,他亲历亲为,身体力行。可以这样评价,这是为我国文化产业的发展,踏出了一条崭然而又光鲜的足迹。他选择的这条路,将拓展到全国,他依然在选择中坚持。

他就是时代正能量的践行人,丹氏品牌投资集团董事长,优秀文化艺术的管理者——丹尼。

(八)

这是一个求异与感受并存的时代,艺术的特征也随之呈现出革命性的模糊化融合。她,与众多画家一样,在繁杂中寻找自己绘画创作中的母题与艺术语言的定位。她,找到了。

她以创造性的智慧,构建了自我艺术品牌的价值,以古典诗意的痕迹介于现代意识的象征与意象，营造了一个新民族式的油画新语境，并在这个语境下，以人性主题为基本构架，以古典女性线描的裸体样式，在一种生命意识和人文关怀感受中，让我们觉悟到了挥之不去的中国文化的恒定与温暖。

她出生于一个农村家庭，却具有绘画才性，但她更努力与勤奋，是一位智慧型的画家。她在中央美术学院毕业后，曾游学于世界各地，作品多次参加国内外大展并获奖，其作品《香寂》入选十一届全国美展并获得提名奖，作品多次参加大型拍卖，并被国内外艺术机构、美术馆及私人收藏。

她就是著名职业艺术家——赵梦歌。

RRC 首届中国艺术年度人物暨杰出青年艺术家颁奖词

（一）

龙瑞：生命信步山水间。

艺术的魅力与寿命，来源于延绵不断的寻脉与发展。在当代中国画坛中试图从现代性回归传统性，在当代文化语境里增强传统文化精神的一位倡导者，龙瑞先生，他以艺术家的良知信步践行，以神圣的艺术使命感，对中国画发展之路运思甚深，彰显了一代艺术家独有的文化自觉与艺术主张的执著审美主见。同时，我们也可以颂称，他是我国继黄宾虹之后的一位山水画大家。

（二）

杨飞云："理想美"的追梦人。

艺术家丰厚的社会担当和学术思考，是其艺术的价值体现。将中国油画推向世界水准的代表人物，杨飞云先生，他以理想美意志，集成西方古典油画传统艺术，以时代的审美取向，以写实的艺术语言，去追寻心灵的梦境。在平实、稳健的古典主义之路上，面对种种思潮与商业化愈演愈烈的今天，他始终以一种清明淡泊的姿态，描绘心中的理想。对古典主义油画的那份执著与热情，是他精神与心灵的空间表征。

（三）

何家英："新唯美"是一种时代情怀。

在个体世界主义的时代中，构建中国画现代形态的"新唯美"时代情怀，这是艺术家一种"生命化"的思考。在中国画坛中，执著于此，以创新实践放射出智慧之光的中国工笔人物画领军人，何家英先生，他以融写实精神和东方诗意为一体的作品，向我们展示了当代中国画发展的时代新唯美传奇，同时，也为中国画家保持了基本的民族与时代艺术尊严。他以持续不断创作所显示出的独特理念，无可争议地居于时代艺术前列。

（四）

吴为山：用意象精神去塑造真实。

艺术家要想更大程度地发挥自己的智慧、更完美地实现自己的创造，就需要清醒地去认识自我与时代。用中国的意象精神，以艺术的载体，实现了艺术创作的艺术本体性、文化性、社会性和历史价值的青年雕塑艺术家，吴为山，他以极强的雕塑功底，将中国写意画的手法延伸到雕塑表达上，使作品洒脱，充满力量感，具有了科学研究与人文探索的价值体现。他潜心研创、勇于尝试，最终获得了今天的成熟与成功。

（五）

蔡志松：对心性以人文的仰望。

艺术一旦与艺术家个人的心性、修为、品德跟审美观产生关联，再与国族的人文性与存续性紧密相连时，将会使艺术作品具有了如此的敏锐、精致、谨严而又充满灵韵的高度。在对艺术创作的人文思考上、文化表征力的重新阐释上，凸显价值观层面的青年雕塑艺术家，蔡志松，他以人文观的现实意义，以进步文化、价值观和文明精神对历史的思考以及对未来的关怀。他以新经典的引喻方式，而成为当代艺术的实证人物。

2014品牌中国年度人物颁奖词（选）

（一）

马云（阿里巴巴集团创始人）：用智慧诠释时代。

当这个时代到来的时候，他启动了中国互联网的引擎，让我们与世界更近。站在一个时代的峰巅，回望来程，答案取决于他的智慧与胆略，取决于这个伟大时代的希望。

他的成功是一个无可争辩的证明,在梦想中激情地起步,在创新中勇敢地前行。

(二)

六小龄童(著名演员):爱心的精彩。

当一个人的生命里,流淌着艺术与大爱的血液,那一定是充满激情与爱心的人。是使命,他将自己的情感献给了艺术与公益事业;是责任,他以强烈的事业心守望着心中的艺术;是真诚,他以高尚的艺德与精湛表演,打动与影响了几代人。艺术凝聚了真情,用心灵赢得心灵。

(三)

李娜(著名中国网球运动员):她有一颗勇敢的心。

永远不知疲倦的追求者,驰骋在网球场上。一切仿佛就在眼前,奔流着拼搏的热血,勇往前行不后退,用顽强去驱散一路的风雨,追寻一场场为你喝彩的风景。当她高举起金灿耀目的奖杯,荣誉放在国人的心头。她有一颗勇敢的心,书写着人生的奇迹。

(四)

杨元庆(联想集团总裁兼CEO):勇于挑战的智者。

只因心中有梦想,才能喷射犀利的主张。每当面对困难与挑战时,兴奋迎战的细胞激然而生。他的魄力相伴着企业战略与远谋,携手深远的策略,构建企业优势的核心竞争力,为我国信息制造业扬起了起航的风帆,加快了走向国际化的进程。

(五)

尹同跃(奇瑞汽车有限公司党委书记、董事长兼总经理):自主创新是硬道理。

百年历史的汽车工业,中国民族汽车绝不可能一蹴而就。他信步走在苦苦寻找的路上,触动发展的突破点,引爆自主创新的品牌战略,在中国汽车业树起了一面赫赫飘扬的旗帜,在汽车产业中显露峥嵘。以创新的名义,见证民族品牌的强劲和自信。

(六)

俞孔坚(北京大学建筑与景观设计学院院长):一个大设计思想的倡导者。

自然的力量,是生存的艺术。自然与人的和谐,是大设计的理念。面对生态环境危机,他以使命与责任的价值取向,倡导"反规划"理论,强调"足下文化与野草之美",他追求的是建设真正中国现代的"新桃园"。多项国际重要设计奖项为他证言。

第三部分　思想的装置

中国首部国粹京剧新生传播剧《排练场》创意构想纲要（节选）

以京剧的名义，以品牌的力量，跨界融合，创意表征，把京剧的文化内涵和抽象的艺术特征传播释义。

这是一台新演绎方式剧：把京剧的"物理"形态及工作程序场景、演员状态，还有社会世态、人情冷暖，展现于《排练场》中，再度呈现京剧博艺的神态妙境。

这是一台剧中剧：导演在说京戏，演员在排京戏，他们自己演自己。小剧场就是一个排练场，台前幕后尽览无余，台上台下共鸣互动，人来人往情态飞扬。

这是一台国粹新生传播剧：让"京剧新生时代"的创新艺术产品璀璨夺目，让中国传统文化鲜活，让国粹京剧生动。

一、前言

"百花齐放，推陈出新"是艺术发展的前瞻性战略。面对"多元"的时代，面对国粹京剧，我们始终在思考，思考继承传统、发展创新；我们竭诚在试图，试图让京剧这束耀斑的娇美艺术，展艳奇葩领风骚；我们努力在寻找，寻找一个新的传播方式，真实地与时代共鸣；我们用心在打造，打造北京京剧院瑰丽响亮的品牌——"北京京剧"，让"京剧"从剧种划分名称中，跃升为中国文化艺术的"奢侈品"。

用我们的真诚和热情、理念和行动，在多元异彩中，让"中国首部国粹京剧传播剧——《排练场》"盛开。让文艺百花园中的京剧之花更艳美更精彩，让北京京剧院携同"北京京剧"大展辉煌。

二、目的意义

打造"北京京剧"品牌，光大国粹，振兴京剧，提升北京京剧院的社会影响力和艺术市场美誉度；

以新方式、新形态，恒性秉承中国传统文化；

改变传统京剧院单一的演艺模式，试图构建另一种新型京剧传播新范式。

通过"中国首部国粹京剧传播剧——《排练场》"，让人们更深入地了解京剧、更深刻地感知京剧、更深情地恋上京剧。

三、风格定位

这是一台中国首部以舞台连续剧形式表演的京剧小剧场式演出。

这是一曲多元融合、时尚跨界的"京剧新生时代"的怡心情歌。

这是一部新时代、新艺术、新作派、新文化的"北京京剧"式差异的表达新作。

这是一张北京京剧院独有的新传播名片。

四、品牌推广定位

打造"北京京剧"文化新品牌，创建京剧演艺传播新范式。

中国首部国粹京剧新生传播剧。

中国首部舞台跨界情景（连续）剧。

"中国京剧新生代"方式剧。

五、创意思路

本剧命名为《排练场》。

将京剧院的排练场呈现于舞台，将排练场所出现的人物及发生的事件，以艺术化的方式去演绎。通过演员排练和导演说戏，让观众在"无意"中接受京剧台词的内涵和戏曲的一招一式的含义；同时，把戏曲舞台表演程式、舞台演出调度设置、服装化妆、乐队曲目、提炼化的工作场景、人物状态，和排练间、场中演员对现存工作与生活状态的反映，以及对社会时政事件、众生民事等进行艺术化的生活再现。让这些在人们生活中既陌生又熟悉、虽远亦近的元素融入此试验性的剧场之中。

六、演出形式

本剧为一系列连续剧形式，还原排练场的真实感，属剧中剧，每次将以一部戏曲折子戏为主要线索展开演绎。让观众在看京剧排练的状态中，开始体味戏曲魅力并踏入奇妙的视听之旅。

七、剧本结构设置

剧本的主轴是围绕戏曲折子戏的演出前排练展开。剧本的分配比例为：3/5 折子戏演出、戏曲排练时的情景展现、戏曲程式化常识的普及；1/5 表演经过提炼加工的现实生活情景；1/5 纯戏剧情节。采用多重戏中戏的表演形式，通过几百年来戏曲艺术不断进步、代代传承的表演精髓，展现戏曲艺术表演的巨大魅力，带领观众在观看戏曲的同时，欣赏戏曲、品味戏曲、热爱戏曲、痴迷戏曲。

为迎合当代都市人的生活节奏和欣赏习惯，从观众入场的那一刻起，表演就已经开始了。演员已不再局限于舞台这一单一的表演区域，观众席、幕布后都将安插表演，时刻给观众情理之中的惊喜。演员除了根据传统折子戏的剧情排演，还将根据剧中情节适时地插入他对现实生活的观点与见解。将古代戏曲故事融入当代生活，在当代生活中寻找那几千年前的从未了断的丝丝入扣的情与理。

八、情节设置

1. 开场

本剧的开场，是本剧的序，在引导观众快速入戏的同时，也为本剧奠定表演、内容、色彩的基调。

此部分的主要情节将包含戏曲折子戏排练之前演员的准备工作情景，均以日常的生活状态表现。比如穿戏服、化妆、开嗓子、聊天打招呼等，但多采用戏剧的表演方式，拉近与观众的距离，使观众快速入戏。同时在此部分将向观众展示各种戏曲的台前幕后准备工作，使观众对各种戏曲排练前的、神秘的、不为常人所知的后台准备工作有所了解。

此外在该部分将不时用演员、剧务、导演等人物之间的对话，表述当下生活中的时事要闻、生活琐事等内容，进一步拉近与观众之间的距离。

2. 剧中

此部分展现的是在准备工作之后，全体剧组人员开始正常排练工作后的情节。

在"排练"开始后，将完全进入正规的戏曲表演状态，灯光、乐队、演员状态全部是演出状态，让观众感觉真的是在剧场看戏。在某个特定的情节，演出戛然而止，排练被迫中断。此时剧情将插入各种演绎情节，内容可包含主角心中与戏曲中的人物产生的共鸣；人物生活中的琐事无休地困扰着他，使其无法投入表演；导演开始纠正演员表演中的错误等内容，演员又回归到现实生活中。整出戏则开始表达着普通人都会有的对现实生活的观点、感触、见解和无奈。矛盾冲突解决后，排练继续进行，再次回归到戏曲演出表演状态。

此部分则将在戏曲演出、故事演绎中反复交错，一方面让观众进一步了解戏曲的排练过程，了解每一种戏曲的特点、形式等内容；另一方面通过对现实生活的演绎再一次将周遭的现实放在台前，让观众感同身受。

3. 剧终

此部分展现的是排练完结之后发生的故事，包括导演对本次排练做小结；提出是否要对剧本修改，结尾是否合理，是否与时俱进，能否满足观众的观赏需求等一系列问题的探讨等内容。

此部分将加入更多和观众互动的内容，演员可与观众直接交流，这样在拉近观众与戏曲艺术的距离的同时也进一步提升戏曲艺术在观众的心中的形象地位。

以上内容为基础剧情安排，我们可根据情节安排或者创作需求随时进行结构的调整及扩充。

九. 结论

仰望璀璨的中华文化的国粹京剧，我们在继承和发展中，让中华传统文化绽放溢彩、生生不息！

今天，北京京剧院将以崭新的英姿展现气象，中国首部国粹京剧新生传播剧《排练场》将横空出世。这是一个崭新的京剧传播范式引领，这是一个国粹京剧的再度绽放盛开之春。

在这即将到来的春晖里，让我们畅怀，畅怀我们神圣而又使命的担当，用我们的担当，让"北京京剧"的旗帜傲立于这块浓厚的文化大地上，迎风飘扬！

中国首部舞台功夫喜剧营销推广全案（节选）

一、项目简介

中国首部舞台功夫喜剧《武林家族》，由集结众多文化专家学者、艺术名人资源和历经诸多大型演出项目、准确审视演艺市场动向的文化公司开发、打造、出品，特邀享誉世界的舞台功夫喜剧拓展人——韩国著名舞台功夫喜剧导演全程亲临指导排演，以及王鹏点石文化艺术策划工作室倾力加盟策划。

《武林家族》以中国传统功夫为主导，以一个习武的家庭为背景，以家中爷爷、爸爸、妈妈、叔叔、女儿，和在眼睛里蕴含着深奥秘密的一个男人，还有两个潜入这个武林高手之家的贼为人物主线，发生了一件件怪异、荒诞、超常、让人捧腹大笑的喜剧矛盾冲突。剧中始终贯穿着超常的、观看性极强的武术功夫和意料之外的共情互动，并将武术与现代观念舞蹈相结合，增强了舞台表演的美感和时尚感，加上由韩国著名音乐人专门为该剧量身创作的具有后现代意味、独具特色、美轮美奂的音乐，让人震撼不已。

根据该产品，将繁衍出多种附加概念、营销模式和视觉形象的附加产品。

二、前言

经过多次出国考察和对中国演艺市场的态势调研，《武林家族》已拍案决策，蓄势待发，正在进入前期准备实施阶段，产品的创意、打造已成为整个项目的关键所在。

而产品的衍生、营销、推广也是必不可少的一个重要议题。是否与项目相贴切，能否为该项目提升高度，项目的创意、锤炼和营销、宣传推广策略也是十分重要的。

三、项目定位

该项目定位不仅直接关系到后期推广的主题和票房营销，而且关系到项目的融资合作业态。对于该产品总体而言：其特质是具备了大众文化时代的娱乐观；尚属在全国首创的舞台功夫喜剧概念并落实到市场之中；迎合了2008年北京奥运会的体育、文化盛事，而该产品本身的每一个具象细节都拥有自己的独特形象。在考虑该产品的定位时，所应注意的是避免出现两方面失误，一是2008年是中国演艺市场的复兴年，必须考虑到不要用纯艺术演出定位的"演出观"来吞食该产品的特质，而同质于演出市场的"伪繁荣"；二是必须考虑到不能脱离"中国文化"的范畴，否则将对后期的融资合作、营销推广策略造成阻力。

签于上述原因，应将该项目定位为：弘扬中国武术文化，首创舞台娱乐新概念，中国首部舞台功夫喜剧。

四、主题定位

宣传的主题决定了项目形象以及推广的思路。针对该项目特质，应采用在不同阶段的不同主题的基础上，始终给本项目一个大的、保持不变的主题——"中国璀璨武术文化与现代舞台娱乐的核心"。

根据"中国璀璨武术文化与现代娱乐的核心"这一核心概念，可以在产品营销诉求、推广中衍生出以下主题：

1. 创造舞台功夫喜剧新概念，引领大众文化娱乐；
2. 创造中国演艺新娱乐；
3. 《武林家族》——中国第一部舞台功夫喜剧；
4. 舞台功夫喜剧《武林家族》，基于中国传统文化，源于当下娱乐时尚。

五、推广思路

风格：从当前演出市场分析，该项目几乎不存在同类产品的竞争对手，但会受到其他演出类型的冲击，所以在推广思路上，首先克服广告宣传的雷同化，其次要凸显深刻、有力、冲击的关键词：中国首部、舞台功夫喜剧、中国文化、大众新娱乐，绝不同于其他演出的常规经验内涵。

形式：该项目的宣传、推广形式则应力求新颖、时效、准确。具体表现在两个方面，一是指媒体的整合运用战略与整合营销相结合，另一方面是指具体媒体宣传设计和其他相关设计风格的统一性，避免主题、风格与形式的脱节和矛盾。

内容：依据该项目的独特性，在营销、推广中必须力求丰富、充实、明白，包括以下方面：

①该项目所展现的中国文化内涵；②该项目首创中国舞台功夫喜剧新概念；③该项目所具备的商业投资价值；④该项目具备长期公演的生命力；⑤该项目在当下文化产业中的新影响；⑥该项目开发人、策划人、导演、音乐人及表演者的实力与信誉。

六、活动推广

和中国旅游卫视联合推出"中国舞台功夫喜剧明星选拔活动"（具体方案略），选拔《武林家族》演出人（甲、乙、丙三套班底）。通过此活动可扩大社会对该产品的认知度，提高社会的关注度，为项目的推广增加了知名度，有利于延续项目的深入展开。

七、营销策略

一个中心两个基本点。一个中心，项目核心定位——"中国璀璨武术文化与现代舞台娱乐的核心"。两个基本点：①丰富项目内涵，拓宽营销范围；②监察项目进展，应机调整表达方略。

打出中国传统文化牌，打造成中国文化旅游项目，积极、广泛和旅游业界相关人员接触、宣传、寻求支持、合作，力求使该产品成为北京乃至中国的文化旅游项目之一（具体方案略）。

针对2008北京奥运会的召开，结合奥运的特点，通过相关联系，在特定场所进行"中国传统文化与中国传统体育"的主题宣传活动，吸引国内外人士对该项目的认知，培养项目品牌。联系北京各涉外宾馆，进行产品宣传（具体方案略）。

结合产品的舞台功夫喜剧特点，通过前期选拔活动的推动，针对青年人（18～35岁）对新鲜事物的推崇，运用必要的形式，进行产品的推广，培养、引导消费者（具体方案略）。

创造新概念，挖掘与产品相关的参与人、表演艺员、排演轶事等新闻事件，召开新闻发布会，利用现代媒介传播优势，发布热点新闻，扩大造势影响，引起大众关注（具体方案略）。

开发相关中国传统文化延伸产品和该产品人物形象以及该项目识别系统的整合，在公共场所设立专柜和宣传点，推动该项目的纵横发展（具体方案略）。

八、媒介策略

该项目有着自身的形象特点和媒体新闻价值点，运用媒体炒作、宣传大有可为。

努力培养、提升、巩固该项目品牌形象，配合社会、文化、政治环境，策划相应行动，利用现代网络媒体的强势影响力，进行营销、宣传（具体方案略）。

建立《武林家族》网站、博客，及时发布、报道产品热点新闻及艺人轶事等（具体方案略）。

九、结语

这是一个全新的概念时代，创新是时代的要求。《武林家族》已具备了创意、交响、意义、娱乐、共情、故事的全新特质，具有审视、把握市场态势的独行特立，相信一定会演绎出弘扬中国武术传统文化的颂歌，一定会树立起一面中国舞台功夫喜剧先锋、时尚、娱乐的精神旗帜。

抒毫辉煌　中国书法家协会与日本书法家协会建交二十周年展演大典活动策划构想案（节选）

一、前言

在中国书法家协会与日本书法家协会建交二十周年之际，喜逢中华人民共和国建国六十周年。今日的中国，国强民富、经济腾飞、文化繁盛，给了我们无限的发展空间；2008北京奥运会的成功举办，让我们民族与民众的自信力更加提升，使我们热血沸腾；文化大国的掘进，让世人倍加关注，艳丽的百花激情盛放；党和政府的包容力，在和谐的国度中照耀着伟大的前程。改革如潮，岁月如歌，这是一个伟大而精彩的时代，这是一个文化产业兴邦的时代，这是一个跨文化交流融合的时代，让我们用激情和自豪，由衷地挥毫、吟咏，为我们的祖国日益强大而庆赞，讴歌中华人民共和国建国六十周年的辉煌，彰显中日书法艺术跨文化交流成就，振奋精神、激发奋进，在和谐发展中实现崭新的文化跨越。

二、宗旨

彰显中日书法文化交流的成就，展示书法、古典诗词意美、形美、音美的深邃。

三、定位

唱咏古诗词；繁荣书法艺术；弘扬中国传统文化；颂歌中日文化艺术交流。

四、主题

在人类的文化历史长河中，中国创造了世界的神话。中国书法家协会为今天和谐中国传统文化的繁盛做出了可歌的贡献。今日的中国书法文化生机勃发、春意盎然。在本次活动中，以中国书法家协会的热诚表达心中的大爱与大美为主题，以中日跨文化交流为旨义，以展现中日书法家的艺术作品为主题，同时，书写中国书法展演中新表现形态的史册记载。为此，本盛典的主题确立为"抒毫辉煌"。

五、特色

变书法艺术的静态展示为动态展示；开创书法展演的新标界。

六、风格

真实与写意相结合，

壮怀心志与柔美抒情相结合，

大场面与细节相结合，

经典作品与现代艺术手段相结合，

把本项目打造成一部视觉艺术展演的创新性艺术作品。

七、内容

反映中国书法文化的时代画卷和中日书法文化交流的绚丽成就。

1. 项目新闻发布及书法高峰论坛（大观园）
2. 书法作品展示（炎黄艺术馆）
3. 颁奖、展演庆典晚会（国图音乐厅）
4. 中日书法家古典诗词即兴创作、咏唱会（大观园）
5. 活动纪念册

八、颁奖展演庆典晚会简述

整个晚会以古诗咏唱、现场书法展演，模特儿穿着中国传统服饰展示书法家作品，为主要表现内容，并加入表达中国传统文化的演唱及书法意味的舞蹈；舞台以颁奖盛典为主要舞美形态，让观众随着音乐的旋律，沉浸于中国传统文化的历史回顾和书法艺术的赏悦之中，从而，受到感染和启迪。

中日书法家群星云集，展示了中日文化交流的发展路程，这是我国书法界的一次盛会，也是中日书法家的一次大集结。

因为一代人的文化和一代人的艺术，传承不息的书法艺术成为永恒的经典。晚会现场将云集一大批书法家、文化学者名人、社会学者、诗词作家、诗词咏唱者，讲述中国书法艺术心路故事，唤起一代人流彩年华的时代成长和对书法艺术情结的印迹。届时，将邀请演艺名人、工商企业家、书法和古诗词爱好者莅临现场观演。

九、推广语

悦观情怀，聆听品位。

十、推广策略

（略）

江北水城流映梦幻　运河古都写意情态　水上古城旅游开发概念性策划（节选）

一、前言

随着社会经济的发展和我国旅游市场的深度开发，及消费者对旅游休闲的认知提升，我国旅游业呈现出前所未有的快速增长。城市旅游特征从早期的"自然风景"、"古迹遗址"的"景点式"观光到近年来盛行的主题旅游"怀旧休闲式"体验的发展过程。如，以"大院、老街、古宅"为主打的山西平遥、云南的丽江等；以"小桥、流水、人家"的江南水乡风情为特色的江南古镇；以独特魅力和浓郁民族风情的云南古城；分别以历史文化、民族风情、丹霞地貌、美食文化、生态旅游、休闲度假等为主题旅游品牌的广西桂林的兴安、龙胜、阳朔；等等。

面对我国城市旅游产品竞相开发和日益激烈的旅游市场的竞争态势，给城市旅游的开发规划提出了"新"的要求。如何提升城市旅游核心竞争力已成为政府官员和城市旅游策划人一项不容忽视的严峻课题。

水上古城的开发规划，首先应从概念差异策划入手。在策划中，不仅要体现在旅游市场的占有率上，更要注重城市旅游的前瞻性和时代性的发展潜力，应在范式的"休闲式体验式"旅游的同质化中寻求项目的差异与陌生。

后现代社会的"后物质"时代到来，旅游策划已从（1.0）"观赏式"到（2.0）"体闲式"，开始进入（3.0）的"感受式"时代。其表征，就是让旅游者在旅游过程中获得一种异文化感受，产生出一种自发的心里愉悦和自我构成的文化意向符号。可以断言，"后物质主义"时代的旅游者所接受的目的并不是为再现一种文化视觉元素，而是为获得一种异文化想象和"新意象"感受的情态之美。

二、目的和意义

1. 打造旅游主题新概念，提升中国旅游新高度
2. 应该得到政府支持和社会支持
3. 科学合理、深度挖掘、利用当地旅游资源
4. 充实和完善旅游产业要素，丰富旅游衍生产品
5. 构建水中古城的新游乐体系
6. 创建旅游的新民族化风格和国际化水平
7. 带动古城周边地区旅游经济和经济社会的发展
8. 实现当地社区与旅游开发和谐发展，促进城市品牌建设

三、策划原则

强调独有的特色与文化内涵，按照世界级标准进行规划运营，构筑中国新意象情态旅游基地，具体遵循以下原则：

1. 战略方面

（1）品牌中心原则；（2）文化内涵原则；（3）差异特色原则；（4）人文情态原则；（5）协调发展原则；（6）世界高度原则。

2. 规划方面

（1）团队规划原则；（2）策划事前原则。

3. 创意方面

（1）梦幻写意原则；（2）神韵意象原则；（3）虚实打造原则；（4）疏密有致原则；（5）动静交错原则；（6）外柔内刚原则；（7）整体连贯原则；（8）科技领先原则；（9）可操作性原则。

四、主题概念描述

新意象水上古城，

她是一个"古韵与今风共存"的城市，

她有"江北水城，运河古都"的故事，

"黄河与运河文化"是她的生命，

"外柔内刚"是她的个性，

"大写意"是她的风格，

"情态中国美"是她的主题。

她用"文化"抒写辉煌，

她用"古迹"构筑经典，

她用"生态"表征活力，

她用"神韵"呈献品位，

她用"意象"表达情怀。

她是城市中的风景，

她将风景化作梦幻，

她，就是"古韵梦幻水城，人文情态之都"——"新意象水上古城"。

五、总体定位

（一）市场定位及划分

（1）中高端体验旅游市场。

（2）中高端度假旅游市场。

（3）国内外中高端消费者。

从主题旅游城区角度看，其市场分为两个层面：

1. 境外市场

（1）主力市场：韩国、日本、新加坡、马来西亚、泰国等与中华文化渊源深厚的东亚市场，以及欧美市场。

（2）机会市场：从济南、泰安、曲阜、青岛、北京等重点旅游城市的分流、延伸市场。

2. 境内市场

（1）基础市场：市内其他区县及周边。

（2）近程市场：省内周边地市。

（3）中程主力市场：以北京为核心的环渤海地区；长三角地区。

（4）机会市场：经北京、济南、泰安、曲阜、青岛、潍坊、烟台、威海、大连等旅游节点城市分流、延伸的客流。

（二）目标定位

（1）国内唯一的梦幻情态感受新意象旅游区。

（2）北方唯一的水中古城观光游乐基地。

（3）山东省唯一的以商业游憩为主体的综合性休闲度假城。

（三）功能定位

（1）住宿：古韵遗风精品酒店群、民俗古庄、星级度假酒店、会议度假酒店、度假公寓、家庭式、民居等。

（2）餐饮：中华古代名品美食、齐鲁美食、聊城特色美食、传统主题酒馆等。

（3）交通：中型水上观光古船、小型情侣及家庭游艇、古城街道开放式电瓶交通车、人力车；机场、火车站、长途汽车站一站式到达古城公交服务等。

（4）购物：全国特色品牌直销购物中心、商业购物街、精品店；国内艺术家工艺师工作坊、全国各地艺术高校和各地画院团体性艺术作品分间展卖群、地域艺术品工作坊；当地名品铺群、古玩店等。

（5）娱乐：酒吧、歌舞馆、戏楼、杂技馆、茶艺坊、聊书馆、艺术品技艺制作体验坊、温泉水浴馆及各类特色游乐内容。

（6）游览：古迹名胜、影视景地、遗址、古船、展览、中国民族传统花灯、民俗人文雕塑群、歌舞表演、电子光媒艺术在水和建筑中交映夜景、古代人物与生活还原、中国传统经典街景园林局部再现、仪式大典表演及仪式动景、中国神话意象景观、金瓶梅主题演出等；"水浒传""金瓶梅""聊斋志异""老残游记"事件景点等。

（7）配套：短期休闲小店租赁、大学生假期实践创业园、短期少儿托管"美德"教育机构、私塾、展厅；承办各类生日和婚礼庆典活动或各种聚会；影像创意制作、邮差局、网吧、导游、代购车票机票；提供打字、复印、传真、电子邮件服务；中医诊所、药铺、美容美发；提供常用健身设备、日常健康医疗诊断及急救中心；提供陪伴护理、家庭烹饪、衣物代洗、管家服务、交通工具服务、游客或使用人委托的其他服务；治安消防中心、物业保安。

（四）活动定位

全国性大型"中国美"（美德、美女、美文、美食、美景、美感及艺术美、设计美等）主题系列活动；主题性多媒体高科技（水中、雾中、气中、空中）展演；"水浒传""金瓶梅""聊斋志异"大型主题演出、相关主题节事及活动。

（五）形象定位

（1）"古韵梦幻水城，人文情态之都"。

（2）"新意象水上古城"。

（六）传播定位

创新、新鲜、准确、分众营销；清晰、高效、意向、共鸣的文化传播。以"软"带"硬"，有传必播,打造品牌传播力和持久力。

（七）产品定位

情态感受、高科技领先、休闲、游乐、观光、健康、旅游、会议、人文教育、居住、生态、购物、地产、夜景及夜生活、长期与短期租赁、当地特色串联。

（八）收益定位

本项目打破"门票经济"收益模式,构建"综合收入"和"产业经济"收益。不设置旅游门票的进入门槛,吸引国内外来古城的游客轻松进入基地,通过若干个垄断性独特性的项目,吸引游客进行开心消费和满意消费,通过丰富多彩的各类配套项目,延长游客的停留时间,提高游客的人均消费。

市政府给予宽松政策,招商引资带动古城发展。

六、核心项目策划（略）

七、品牌战略策划（略）

八、运营营销策划（略）

九、结语

古城意蕴,生生不息。

2500多年的文明历史,这里,有新石器时代的景阳冈遗址,有魏晋时期的曹植墓、明代的光岳楼、明清时期的运河钞关、清代的山陕会馆等400多处文物古迹。

古老神奇的大地,这里,中国古典文学名著《水浒传》《金瓶梅》《聊斋志异》《老残游记》的许多题材取于此地;这里,"山水圣人"辈出灵杰。

传统商贸发达的古城,这里,京杭大运河与黄河在此交汇,交通四通八达;这里,商肆繁盛,客栈云集,文化多元,是古代著名的运河码头。

今天,这座中国历史文化名城,呈现了古韵自然之美与人文情态之美的盛世美伦,一切都是那么和谐、那么辉映,那么令人神往……

我们神往——在"江北水城,运河古都"中,泛舟圣水,摇曳灯影,穿桥游城,品味梦境。

我们期待——风韵的城市,古城意蕴,生生不息。以一种特质、一种品位、一种美感、一种梦幻、一种独特,建构一个中国"新旅游""大旅游"的崭新空间,赋予古城一种"中国美"文化风情。

我们畅想——明天,这里是享誉世界的东方梦幻魅力之都、中国城市旅游形象的文化与经济"特区";明天,这里将树起一面中华民族传统文化与创新都市文化的旗帜。

养老新概念　亲老新主张　××省"养老公社"策划案(节选)

一、项目背景

目前我国是世界上老年人口最多的国家,60岁以上的老龄人口约1.45亿,占我国总人口的11.2%,而且这个数字每年都在以3%的速度增长。我国进入老龄化社会已是不争的事实。根据国家有关部门统计预测,到2025年,老年人将占全国总人口的19.34%;到2040年,老年人将占全国总人口的27.8%,届时每三个半人口中就有一个老年人口,随着社会经济的发展养老业已成为朝阳产业。

二、项目理念

(一)乐活养老与体验式养老相结合

提倡积极向上、健康环保的乐活生活理念,建设绿色社区,并且从心灵上关爱老人,根据角色心理学,让他们回归到年少时的角色体验中,在自在、舒适、熟悉的生活环境中安度晚年,有利于老年人的身心健康。

(二)互助养老与家庭养老相结合

远亲不如近邻,互助式养老有助于排解老年人内心的孤独与寂寞,更解决了儿女的后顾之忧,同时本社区也欢迎子女在此购置房产,与父母居住同一小区,方便互相照顾。

(三)养生与养老相结合

充分利用当地优质的自然资源,让老人在田园般的环境中生活,同时老人不仅可以在温泉中治疗各种疾病,还可以得到专业的健康指导,社区内配有专职的养生专家,为老年人提供个性化服务,从而拉动养生产业的发展。

(四)旅游式养老与定居型养老相结合

拥有优势旅游资源,以此带动休闲和房产业发展,开展短期租借业务,同时更加欢迎在此定居,形成稳定的客源。

三、项目性质

以全新的理念打造体验式养老、休闲产业区,并以此带动相关产业发展,形成当地生态、休闲、度假区。

四、市场分析

如今养老方式除家庭养老、居家养老等传统养老模式之外，国际化的养老模式正在逐步为中国家庭所接受。但机构养老的孤独症也随之而来，老年人的晚年生活关乎亿万家庭的生活品质，互助养老、以房养老、旅行养老、候鸟式养老、异地养老、田园式养老正逐渐成为优质养老模式，为高端人群主动接受的同时，也为普通百姓所津津乐道。可以说，在中国，养老产业正以朝阳行业的面貌呈现出方兴未艾的势头。

五、目标客户分析

本策划方案的目标人群为北京地区及周边的老年人，现就他们的情况进行具体分析：

（1）老年人收入水平（略）。

（2）老年人福利水平（略）。

（3）老年人心理需求（略）。

（4）老年人居住状况（略）。

六、项目整体规划

年少记忆是人情感和潜意识的源泉，是思维方式和价值观的最终体现，也是最没有防线、最容易被触动的区域，如果我们能成功地把这一思想表达得淋漓尽致，激发消费者潜在的回归心理，就很容易打动消费者。

秉承这种策划思路，我们力求以新的理念为老年人，以及有回归情结的中年人打造一个可以让心灵回归的理想家园，让他们重新感受到年少时的快乐时光，进而达到以全新退休方案解决养老问题的目的。结合我们的定位，在此提出社区规划方案，以期达成美好的愿景。

（一）社区规划设计要求（略）

（二）社区规划特征（略）

（三）社区整体构架

1. 北方建筑体验区（略）

2. 南方建筑体验区（略）

3. 国外建筑体验区（略）

（四）配套设置

1. 环保的社区装置（略）

2. 回归主题公园（略）

3. 蔬菜、果木种植地（略）

4. 老年物件收藏馆（略）

5. 老年大学（略）

6. 京剧及地方戏园（略）

7. 爷孙同乐幼儿园（略）

8. 温泉馆（略）

9. 养生乐园（略）

10. 保健医院（略）

11. 商业步行购物街（略）

12. 旅游公寓（略）

13. 儿女探望公寓（略）

14. 老年文体活动广场（略）

15. 车位（略）

16. 职工配套宿舍（略）

七、项目风险分析

老年人及其子女对老年公寓这种居住养老方式和生活方式的认知、认可需要一段时间。本项目紧邻北京，可谓市场大、潜力大，但就老年人住宅市场而言，面对的是新的特殊客户群体，在社会家庭结构演变中，虽然"核心家庭"逐年增多，传统家庭逐年减少，但这毕竟需要一个过程，特别是老年公寓这种居住养老方式和生活方式必须得到老年人客户群体及其子女认知、认可。而认知、认可更需要一个时间过程，其认知、认可程度决定了老年人住宅市场成熟程度，认可时间长短决定了老年人住宅市场成熟时间长短。因此，本项目风险之一就在于老年人及其子女对老年公寓这种居住养老方式和生活方式的认知和认可程度及时间长短。

八、风险规避与控制措施

（1）老年人公社项目必须具有能满足老年人养老心理和生理需求的个性和特色，选择好项目地段是打造老年公寓个性和特色的载体和必需的物资条件，老年公寓项目能否成功关键在地段，因为地段是唯一的，是其他条件不可替代的。

（2）必须首先做好总体规划，有了科学完整、协调统一、个性特色的总体规划，项目就具有了健康骨架和活的灵魂，就有了"量身定做"的依据和蓝图，就可避免项目建设中的随意性、盲目性，确保产品个性特色、整体风格。

（3）项目总体方案和建筑设计必须遵从三条原则：一是建筑设计必须体现老年公社的个性、特色及建筑风格；二是充分满足老年人特殊群体养老、休闲的特殊需要，以人为本，实现人性化设计；三是老年公寓必须"量身定做"，"量身定做"应从策划、设计开始。

（4）项目实施时，在硬件完备的基础上，还必须在软件上下工夫，提高管理水平，保证服务质量，做好推介宣传。提出详尽的具有针对性的可操作方案，以服务为导向，化解人们对老年公社的疑虑。

九、项目效益分析

1. 经济效益分析

（1）本项目拥有优势的旅游资源，本项目延伸出的亲老游市场将不容小觑。

（2）长期居住与短期租赁的灵活形式必将带动周边产业的蓬勃发展。

（3）养生产业以及周边商圈的发展将带动当地经济的繁荣。

2. 社会效益分析

（1）健康、环保的理念迎合了整个社会发展潮流。

（2）都市人越来越重视养生，这个概念的提出可谓恰逢其时，必将受到人们的追捧。

（3）政府积极鼓励兴办养老产业。

十、项目启动案

（1）项目启动新闻发布会。

（2）各大媒体进行宣传报道。

（3）各种宣传单页的发送。

（4）网落媒体支持。

（5）活动推广。

从"功能城市"走向"文化城市" ××古城旅游品牌战略与营销策划案（节选）

一、前 言

在我国城市旅游业日趋同质化的今天，未来的旅游业之间的竞争，就是品牌的竞争。唯有准确定位，发展旅游特色，树立旅游品牌，才能进一步提高城市声誉，吸引旅游客源。

如何打造具有浓郁地方特色和魅力的城市旅游品牌，无疑是提高城市核心竞争力的首要条件，而旅游城市品牌不是生来就有，其形成需要一个过程。它是集中体现旅游城市所有旅游资源和文化底蕴，结合当前的旅游发展趋势以及旅游需求，通过主动的开发创造与体现在受众心中形成的最直接最深刻的正面印象。

旅游业缔造的品牌是城市品牌之中的一个内容，两者具有三个内在的互动性因素。

一是旅游品牌与城市品牌具有较高的一致性，旅游品牌的形成和发展可以促进城市品牌的形成和发展，因为城市品牌形成的实质是找出并强化城市在自然、历史文化以及经济社会功能等方面个性特征。

二是旅游业的品牌打造有明显的地域概念，这与城市品牌有一致性，旅游的核心因素是旅游目的地的吸引物，它具有与所在城市的区域一致性。

三是旅游业作为"眼球经济"和"感受经济"，在城市品牌的传播方面优势明显，现代旅游业发展需要大规模、全方位的营销，而城市已经成为最大的旅游产品，承载着旅游业所需的食、住、行、游、购、娱等多种功能，旅游产品营销的最高境界就是城市营销。

根据当地市委市政府关于进一步加快旅游业发展的战略方针，明确了未来十年将大力开发旅游产业，将这作为未来一个阶段城市发展的重点，做到"三年打基础、五年大发展"，力争通过5～10年时间把水上古城建成一座底蕴深厚、品位高雅、特色鲜明的旅游地。力争使旅游业在5～10年内成为该城市主导产业之一的目标，以旅游产业的发展为切入点，缔造水上古城品牌发展的战略方向。

二、策划范围及期限

本策划期限为2010~2015年，共5年。为使本策划同我国国民经济与社会发展相对接，具备较强的可操作性，并保持一定程度的弹性，将策划期限划分为近、中、远三期。

近期（2010年），一年，重点突破、品牌概念推广阶段。夯实基础、酝酿品牌，着重推进水上古城"软环境"建设和文化氛围的营造及营销，抢占文化制高点；

中期（2011~2013年），两年，快速发展阶段。建立旅游品牌和文化产业系统；

远期（2013~2015年），两年，全面开发、持续发展阶段。全面提升水上古城旅游品牌，充分利用硬件设施和软环境建设成果，把水上古城建设成为具有品牌内涵和扩张力的旅游名城和经济增长地。

三、古城旅游品牌的分析、定位

1. 历史资源

（1）以黄河运河文化交融为核心代表的"江北水城，运河古都"文化体系；

（2）拥有中国悠久历史文化的名城、历史文化文物古迹；

（3）以中国古典文学名著《水浒传》《金瓶梅》《聊斋志异》《老残游记》为题材取源地；

（4）中国各朝代历史名人及所遗留的典故。

2. 特色资源（略）

3. 景观资源（略）

4. 民俗资源（略）

四、产业发展的现状分析

（一）优势

1. 城市区位与便捷交通的优势（略）

2. 旅游资源的多样性优势（略）

3. 城市实力的坚强后盾（略）

（二）劣势

1. 品牌影响力未形成（略）

2. 资源整合性不足（略）

3. 市场竞争力的薄弱（略）

4. 项目特色的不足（略）

5. 环境的影响（略）

（三）机会

1. 旅游发展趋势（略）

2. 旅游发展与特点（略）

3. 旅游资源的主题概念未形成，城市旅游品牌稀少

就该城现有旅游整体资源和旅游市场而言，仍然属于传统旅游观光型产品，未能满足游客深度文化感受、体验和互动式交流的需求。但可以以崭新的旅游定位和品牌形象进行拓展推广，以求更具差异化的旅游发展机遇。

（四）挑战

1. 品牌建设周期长

城市品牌的建立不单是城市品牌的提出与推广，也不单是城市旅游产业的发展与

建设，它是城市各项产业的发展与现代化城市建设的综合体现，更需要城市全体市民的协力支持与配合，并提高自身素质才能建立。同时，一个城市旅游的品牌从市场角度出发，需要品牌认知，形成美誉以达到忠诚的三个阶段。因此，城市品牌建设是一个漫长的过程。

2. 品牌核心的困扰

旅游的核心是文化，因为文化是整合旅游资源，形成城市品牌的基本条件。从这一点分析：该城虽然拥有丰富的文化资源，但面临一个资源非该城独有的问题，而其他文化资源又不具备市场的巨大影响力。但根据对国内其他城市品牌成功案例的探索，证明这样一个事实：城市品牌的文化是可以再造的、故事是可以再写的，是根据时代发展特色进行的概括和主题概念定位策划及按照市场性需求打造的。

五、古城旅游品牌建设策略

（一）核心资源与市场定位（略）

1. 国内首项"民族新意象"旅游城市（略）

推广建议：

（1）主题性多媒体高科技在水中、雾中、气中、空中、建筑街道中展演；以演绎历史文化的舞台梦幻感和中国优美神话写意美及传统民俗民风情景为核心。以旅游贸易洽谈为一体的大型旅游文化推广活动。建造影视基地辅以摄影活动等。举办中国民族彩灯节。

（2）"中国美"全国性主题系列活动。根据美德、美女、美文、美食、美景、美感及艺术美、设计美等主题系列活动，进行全国主要城市分赛区选拔，最后聚集到水上古城进行最终决赛和颁奖盛典，全程由电视、网络媒体进行播放。

2. 中国杂技之乡、京剧之乡、民间剪纸之乡、民间书画之乡

在诸多的旅游资源中，中国杂技之乡、京剧之乡、民间剪纸之乡、民间书画之乡以及其他之乡这一城市品牌虽然存在，但在旅游市场上并未形成直接影响。所以围绕这一品牌，如果率先通过旅游活动的策划，形成活动品牌特性，则会扭转这一现状。如举办民间杂技、地方剧、剪纸、书画活动，同时这也是国内外游客对该城的消费吸引点，则会有较大的旅游市场的经济效益。

推广建议：

（1）活动观光、活动推荐会、活动体验、邀请赛及展览等。

（2）《水浒传》《金瓶梅》《聊斋志异》《老残游记》题材取源地及历史名人志士。

（3）《水浒传》《金瓶梅》《聊斋志异》《老残游记》是中国古典文学的文化符号，该城诸多历史名人志士是文化名城的写照，利用这一文化资源，率先在旅游市场打造产品，则会形成城市品牌的传播力与市场吸引力。

推广建议：

（1）策划相关文化艺术研讨会及主题活动。

（2）古典文学视觉文化体现：大型歌舞表演、娱乐项目；开发《水浒传》《金瓶梅》《聊斋志异》《老残游记》系列人物及诸多历史名人志士旅游工艺品。

（3）恢复《水浒传》《金瓶梅》《聊斋志异》《老残游记》核心景观，展现诸多历史名人志士遗迹风貌。

3. 运河文化城

利用现实的水中城的资源和黄河运河历史文化，同时吸纳特色民族产品，开展制作精美明信片免费为游客邮寄给其亲朋好友项目，举办民族民间舞蹈和原生态民歌邀请赛，等等，将成为一个吸引旅游市场的亮点，并以此打造"新民族艺术之都"。

推广建议：

（1）"舞动意象"——中国民族民间舞蹈邀请大赛。

（2）"美丽的呼唤"——原生态民歌邀请赛。

（二）特色建议

1. 打造"运河古都江北水中不夜城"

就中国城市旅游而言，目前只有十个城市打造了"不夜城"的品牌，并各具文化内涵与城市特色。这也成为旅游者对城市旅游的吸引内容。据统计，在旅游全天消费指数中，夜晚住宿、娱乐、饮食的费用占据80%以上。此外，打造"不夜城"品牌，最大的特征是吸引游客停留于城市，从而带动城市旅游收入指数的快速增长。

（1）开发古城"夜游项目"，打造"古城多媒体光景"和举办"中国彩灯节"。

（2）建设"运河码头酒客栈"（酒肆一条街）。

（3）通过招商引资方式建设中华餐饮美食一条街、民俗歌舞演艺馆、现代娱乐休闲场所。

2. 提出"旅游新生活主张"打造游客互动模式与深度体验

以"动态和深度体验方式"设计旅游产品与活动，才能区别于泰安、济南等旅游区，共同形成旅游市场的区位优势。吸引以本省为中心的旅游客源。

（1）景区娱乐项目互动：如在景区组织猜灯谜、文艺表演等系列活动，让游客参

与互动。(设置奖励或提供纪念品)

（2）旅游歌舞互动：如在旅游的大型活动中，采取互动模式，让游客参与，学习民间舞蹈和歌曲。

（3）游客与艺人互动：让游客见习工艺手工制作，展示民间绝活、杂耍等，赠送纪念品。

（4）整合资源进行旅游区域互动：如与泰安、济南、北京等联合举办民俗表演、文化交流活动（两地巡回）。

六、城市旅游品牌整合传播系统

旅游品牌整合营销传播系统（TBIMC）为品牌塑造、品牌包装、品牌传播三个步骤。

（一）水上古城旅游品牌的塑造及品牌包装

1. CIS（Corporate Identity System，品牌形象识别系统）（略）

2. 视觉识别系统（VI）（略）

3. 理念识别系统（MI）和行为识别系统（BI）（略）

4. 意觉包装（略）

5. 听觉包装（略）

6. 味觉包装

味觉包装主要是就旅游六要素中的"食"，加以品牌化的包装，使之具有旅游目的地所独有的特点。

（二）品牌传播

品牌传播按照目标受众，可以分为对内传播与对外传播两种。对内传播主要是针对旅游目的地当地市民进行的传播活动。增强市民的认同感，提升市民的自豪感和参与感，促使市民与政府共同为建设旅游目的地品牌做出贡献；对外传播主要是针对潜在市场和游客的传播活动。品牌对外传播的目标则是使旅游者产生一种追求感和购买欲望，进而驱动旅游者前往该旅游目的地。

品牌传播方法可以说多种多样，包括过程控制系统（销售过程、消费过程）、传播工具（节事活动、媒体广告、公关、网络）等。

三、品牌未来推广与市场营销（略）

2010~2013年度传播工作计划。

（一）2010年始以"梦幻水城·意象古都——魅力城市"进行品牌传播、以休闲度假旅游为特色的品牌初步提出。

1. 品牌传播

（1）完成城市旅游品牌 VI 系统、旅游产品路线的设计包装。

（2）水上古城品牌旅游网站的规划、建设。

（3）年度媒体投放计划及招商引资。

（4）制订筹备 3 年城市旅游品牌宣传活动、旅游纪念品的开发。

2. 市场营销

（1）制订管理产品的价格（吃、住、游、娱、购、行）。

（2）联系各大国际、国内旅行社团，召开城市旅游推荐会议。

（3）对本地旅游接待单位与人员进行规范与培训，开通旅游投诉电话。

（4）旅游纪念品的设计、开发。

（5）制定古城运营模式（建议；以外协专业房地产项目营销公司全国推广销售为主；政府投资与招商引资结合；古城经营统一管理规划，商家自主经营）。

3. 市场定位（略）

4. 品牌传播（略）

5. 事件推广（略）

6. 营销工作（略）

（二）2012 年根据古城旅游条件成熟为保障，以古城相关设施落成为依托，正式提出古城品牌主张

1. 市场定位

以本省为宣传中心，拓展国际（欧洲、亚洲地区）、国内（北京、上海）、港澳台地区高端旅游消费者。

2. 旅游产品

（1）古城建设中事件营销。

（2）完善各类型旅游路线（观光、周边）。

3. 宣传策略

城市旅游品牌广告及新闻投放。

（三）以"民族新意象文化""影视城"及古城环艺为增亮点，扩大品牌内涵

1. 市场定位（略）

2. 旅游功能

复合式多样性的旅游需求。

3. 旅游产品：

（1）完成大型古典歌舞音乐表演。

（2）完成古城基本建设及环艺部分安置。

（3）休闲、度假、娱乐等形成旅游资源。

4. 事件营销

（1）举办全球有关"全球写意美主题的微电影作品征集大赛"，启动（事件营销）。

（2）配合国家旅游局，承办"崛起——中国城市旅游论坛"，邀请全国媒体记者。

5. 宣传策略

围绕一线城市做巡回 IMC 整合传播（旅游活动、媒介投放、户外广告等），建设完成水上古城多语种品牌网站。

（四）水上古城品牌写真

在历史天空下，千年的古城真诚地伴随着文化长河迁移；守望着浩渺的黄河与运河的交汇；演绎着史诗壮举；孕育着璀璨的江北水城。

2500多年的时空流淌，我们始终在期盼，期盼梦回繁盛古韵水城，神游人文情态之都，这是我们在找寻那份深藏已久的历史文化，为了那心灵深处的精彩意象。今天，时代的日历，翻开了心中的故土，古韵与今风的舞动，呈献出古老而又时尚的神奇容姿，这是传承历史文化的民族烙印，这是一座城市的文化自觉，这是人们心灵生动的憧憬。

梦幻、写意是旅游消费者欲获得的情致休闲感受，是内心向往的文化基因。

意象、情态是旅游定位后的特色表现，是文化核心的品牌资源，是承诺于游客可以体验的文化联想和灵性自由。

"古韵梦幻水城 人文情态之都——新意象水上古城"是该城在传递中国传统文化之美和人性的情态之美的城市旅游品牌核心。

《成事在人》电视栏目策划方案（节选）

一、概述

1. 栏目名称

《成事在人》（暂定名）。

2. 栏目播出平台

录播访谈栏目。

3. 栏目运作

《成事在人》栏目，联合打造。

4. 栏目介绍

《成事在人》关注不同阶层、不同行业的人，以人生的成长与成功为旨要，每期分别邀请社会学、心理学、成功学、教育学、策划学专家学者，以及企业家和典型人物，走进演播室，注重"成长"过程，极目"成功"愿景，探讨相关话题。

5. 栏目宗旨

构建人生策划传播的平台。

6. 栏目定位（内容核心）

（1）人生成长感悟。

（2）事业成功案例。

（3）职场热点话题。

（4）传播策划窗口。

7. 主题词（栏目宣导）

"策划精彩人生，铸就成功事业。"

8. 栏目形态

《成事在人》为电视演播室录播访谈栏目，现场主持人与多名嘉宾座谈以及观众现场参与，每期节目前期都将根据嘉宾背景、职业特点完成本期主题和话题框架策划，其间可插播与嘉宾的人生、事业策划背景相关的影像资料作为演播室访谈的补充，把访谈与真人秀相融合，并就相关热点及观众提问与网友交流。

9. 节目播出安排

本栏目可根据录制密度每周 1 期，录制完整版时长 1~1.5 小时（根据当期节目的精彩程度），精剪后时长 30~45 分钟。精简版播出，完整版可在本台官方网站进行 3 个月的展播（或在互联网联合建立专题视频网站）。

二、栏目内容

1. 节目板块

（1）解读（社会职业现状与发展分析、典范人物及成功项目策略多角化解读、创新思维及案例经典详解、经验教训评析、其他）。

（2）展现（专家见知、人生成长励志、人生规划、就业创业、职场策略、爱情婚姻问题、策划故事、学习方法、个人观点、相关动态、其他）。

（3）互动（现场互动、场外互动、其他）。

（4）评述（人生成长与成功热点探讨、聚焦追踪、其他）。

2. 访谈选题

（1）每期选题的定位均立足具体成长与成功特点，通过不同的理念、人文、策略分析、点评演绎等展示人物及案例的个性化内涵。

（2）深度人生、事业策划类选题，可以是教育培训方面的相关热点、焦点话题，也可以是企业及企业家生活范畴内的人生、职场、成功、创新思维的相关话题，也可以按文化艺术分类进行话题讨论及艺术家分析，还可以向网友征集，最后汇总细化为不同的热门话题。

3. 主持人及嘉宾选择

主持人1位，嘉宾主持1位（固定）。

每期1~2位嘉宾，邀请其他相关领域的专家学者及当事人等，嘉宾根据每期节目具体选题选定。对嘉宾的基本要求：

（1）形象、谈吐、气质佳，有观众缘，有在镜头前讲述的主观欲望；

（2）较高层次的策划人，相关领域的专家学者；

（3）有一定知名度的成功人士、企业家、典型人物；

（4）文化艺术名人、演艺时尚名人、热点人物。

4. 观众

30人左右。

三、栏目分析

1. 栏目背景

这是一个高策划时代。在全国媒体以创新发展为主题，以注重人性化、普实性、人文性为旨意的大环境中，却鲜有媒体对关于"人生的成长与成功"投来真正关注的目光，充塞电视的有关青年人定位的栏目都以娱乐式的文娱节目呈现，而适合青年人成长的节目则罕有。正逢此合作开办《成事在人》栏目，关注人生成长与成功策划的深层话题，展现职场策划实战案例，揭示人生成功的心路历程，构建策划传播的平台。本栏目独占市场、另辟蹊径，必将以超前的策划理念和不可复制的栏目资源赢得市场先机。

2. 栏目功能

（1）提供一个传播高端前沿策划理念、展示人生与事业成功优势及特色的平台；

（2）面对事业成功的参与人，充分挖掘其成长与成功的真知灼见；

（3）面对关注社会发展、渴望成功的社会各界人士，包括创业者、职场各阶层等，提供一个与精英阶层交流对接的平台。

3. 栏目受众

关注人生成长与成功的热点、渴望再学习的社会各界人士，如企业家及职场人士、青年朋友等，均可成为本栏目受众。

四、栏目特色

1. 整体特色

（1）品牌的强势效应和优质平台将保证栏目开播伊始就获得超强关注和影响力，以实现文化产品传播效应；

（2）媒体的互动性会带来与嘉宾更大范围的思想碰撞，更多鲜活的观点与实用的管理经验、人生体验的尽情呈现，更显交流的充分性；

（3）电视媒体的容量可带来全方位背景资料的展示，如提前预告、嘉宾个人简历介绍、相关视频和文字资料链接等。

2. 平台优势

《成事在人》栏目的播出平台为中国电视媒体的首创。

五、栏目表现形式与制作及包装推广（略）

六、本栏目提供的其他服务及延伸产品（略）

七、运营策略及合作模式（略）

八、品牌与营销战略（略）

九、栏目顾问团队构成（略）

十、栏目团队构成（略）

十一、预算分析（略）

创建艺术全新概念　展现跨界新锐价值　打造"中国公共青年艺术家"活动策划构想案（节选）

一、前　言

随着感受经济时代的到来，行业与专业打破疆界的相互渗透相互融会，已经很难界定其本有的"属性"。从传统到现代、从东方到西方文化的融合，已显现一种新锐的生活态度和审美方式的融合。

举凡社会转型、时代巨变之际，总可以看到一些记录处于时代巨变中的人们的现实生存处境和文化心理变迁的文艺创举。我们现今的时代更是一个产生了让人难以置信的深刻变化的时代。置身今天来思考艺术领域，最为明显的特征是艺术一元化、模式化的表达语言和传统与单纯艺术功能的进一步消解，作品更多地根源于艺术家自身获得的各种资源以及生活的感受符号，映射出这个时代鲜活的生活，并以此承载他们对自身生存空间及生活的个性化感受，不断接纳诉求于跨界的艺术行为与创新艺术表征，其主题思想观念表达的"功能美"越来越突出。与此同时，一批青年艺术家对艺术的理解也在发生着潜移默化的改变，他们不局限于以往那种理想状态下的"精英文化"单纯的艺术性，更多的借由艺术作品与现实的对应和思考的超越性、愉悦性及感受性对实现生活的各个领域的成功介入。于此而论，艺术所涉及的主题已不仅是纯粹的艺术本体问题，是艺术与其他学科领域如何结合的问题，这势必给予今天青年艺术家带来了重大的机遇。

二、目的意义

致力打造"青年艺术家成长的第一平台"，营造中国艺术新现象。

倡导艺术创作者和艺术作品的跨界性，以一种新的文化意识形态，构建起新型的艺术关系，鼓励青年艺术家的无界域学习和多学科发展，激发其对生活的新认知及艺术形式的多元表现方式；以一种新锐的创作思维模式，通过嫁接专业外价值的创新，给艺术一种立体感和纵深感。

三、主题描述

"中国公共青年艺术家"全新概念的提出，就是强化以创新的视听的新艺术样式，以崭新的时代多元价值取向，以大众流行文化，以及大规模的来源于日常生活感受和环境视听资源，从而区别于以往的艺术实践，无疑是具有前所未有的生命力和无所畏惧的创造力。以青年艺术家特有的思考与实践，展现出跨界的价值——让原本毫不相干，甚至矛盾、对立的元素与学科界域糅合出灵感火花和奇妙创意。

四、概念特征

1. "公共"的主体是多元（略）
2. "公共"的表现是扩展（略）
3. "公共"的目的是推进（略）

4. "公共"的职能是协调（略）

5. "公共"的手段是创新（略）

"中国公共青年艺术家"的概念特征为：一是强调80后、90后新一代青年艺术家对时代新美学的倾向及生活的时尚情趣与品位；二是对现实生存状态与生活形态感受的叙事性，将对生活的批判与反思转换到对生活具体感受的表达上；三是创作者（或表演者）具备多样的才华特征，打破了以往的艺术专业的分隔性，获得无限空阔自由的别样天地；四是其艺术表达及传播中的多元性跨界融合和非凡的想象力；五是真正具有了体验经济时代艺术作品的教育性、娱乐性、虚拟性、创新性。

五、活动创意

（1）创造了"中国公共青年艺术家"的全新概念；

（2）开辟了中国文化经济时代中的新艺术现象；

（3）拓展了消费主义的大众流行文化的新视角；

（4）唤起了在传统的"精英艺术"，小众诉求中的"大众艺术"的多元新品类；

（5）改变了长期以来艺术专业"选秀"活动的单一和狭窄性，进行了艺术选秀的专业大综合；

（6）探索挖掘艺术跨界的新形式与形态；

（7）首次改变各类艺术作品的自身单一展示模式，以跨界传播和跨界形式与形态的多样化展示；

（8）改变了以往强调艺术作品及创作者的完美性、成熟性及专业的纯粹性的模式，以打造包装推广80后、90后青年艺术家为主旨；

（9）首次让各类青年艺术家（特别是艺术创作者）在电视、网络媒体及各大媒体进行曝光、展演、宣传；

（10）首次把评选入围的青年艺术家集合到北京，由中国著名专家学者、艺术家进行海选大赛的集中培训；

（11）跟进举办全国首届"中国公共青年艺术家"大赛海选活动及颁奖晚会，并进行现场直播，凡优胜者由相关机构签约包装打造；

（12）延续开展下届大赛活动，延伸活动衍生产品，打造活动品牌度；

（13）邀集中国相关强势媒体联合举办该项活动。

六、组织构成（略）

七、人员构成（略）

八、参与范围

美术、艺术设计、摄影、音乐（器乐、声乐）、舞蹈、表演等专业的全国艺术院校在校大学生及80后、90后从事艺术工作者。

九、活动细则（略）

十、活动步骤（略）

十一、赞助条例（略）

大学生设计作品拍卖交易操作实施案（节选）

一、前言

长期以来，我国艺术设计专业大学生和青年设计者的创意设计只停留于创意表现的展示中，而未能把优秀的创意作品实现于产品生产中，其原因是我国没有形成设计产业链，在创意设计与设计生产厂家中间缺失了设计交易环节。设计作品作为一种思维的创意，与其他艺术交易产品不一样，有着自身的无成型性和特殊性，"中国设计交易"就是试图打造设计交易平台和拓展设计交易市场，致力进行有益的尝试，为推动我国创意产业的发展，提供一个日臻完善的产业方向。

二、交易范围及项目市场分析

1. 交易范围

为了更好地体现"设计交易"这一主题，交易以产品设计、动漫设计、服装设计、环艺设计、新媒体设计、首饰设计等作品为主，面向全国艺术设计类大学生及在创业中的青年设计者。

2. 项目市场分析

（1）就设计创意作品本身而言，是一种极为特殊的思想性产品，它具有非统一性、非实用性、非再生性、非确定性等特点，故而其在交易中需要产业链的衔接。这样一来，作品通过拍卖这一特殊交易方式来构建产业平台，也具有了较强的可操作性和实际性。

（2）设计作品拍卖市场现在是一项空白，但随着近几年我国不断加大开发文化产业的力度，经济不断发展、社会不断进步，人们生活水平不断提高，设计交易的潜在市场还是极为可观的。由于设计创意作品的特殊性以及拍卖的多重效应，从而使得设计作品在拍卖中的社会影响力很大，甚至超出其他任何形式的展示活动，势必将成为社会热点及新闻媒体和群众关注的问题。

（3）设计已是一种文化现象，社会的发展和人们的需求离不开设计。人们需要更好的创意设计，在这样的大背景下，再结合（1）、（2）两方面进行分析，建立一个新型的设计品交易市场是具有可行性的。

三、交易实施的形式选择

为了易于征集作品和保证作品质量及真实性，并使设计交易活动更具影响力且能够顺利、有序地进行，应选择以下形式来组织和实施设计交易活动：邀请国家部委相关司、局；联合国内外著名艺术高校和相关设计协会；集结国内外设计专家、教授；联系设计产品生产单位等，成立筹委会。

四、交易的具体实施操作

1. 征集作品

（1）建立相关网站，通过各高校和各社会团体、机构、组织以及个人定期提供作品，其中有的也通过合作企业提供。

（2）通过信函、文件及各类媒体把征集作品的信息传达出去，信息内容包括：举办的时间、地点，征集作品的种类，以及活动所要表达的主题内容等细则。

2. 审核作品

（1）由专家对征集到的作品进行初步筛选，决定取舍。

（2）进行专利申请并与作品提供者商谈底价。

（3）洽谈委托拍卖事宜，签订委托拍卖合同。

3. 终审拍品

（1）作者本人提供的作品，须有设计者本人所提供的书面证明及说明材料。

（2）所有作品，须有专家团队进行评判后出具的鉴定证书。

（3）确定每件作品的具体状况，制作图录。图录中必须包含作品的完整图像以及作品来源等状况、参考价格等内容。

4. 推介和招商

（1）向客户寄赠作品拍卖文字说明。客户群包括设计产品生产方。

（2）在相关媒体发布交易公告。公告内容包括：交易会举行的时间、地点，作品展示时间及地点，参加竞买的注意事项。

（3）标的展示场所及拍卖会会场选择。选择空间易于展示标的且安全的场所作为会场。

（4）标的展示活动。在这一环节的主要工作是保证所有展品的安全，可以考虑由拍卖公司派专人负责保证展品安全。

（5）举行交易会（略）。

（6）交易善后事宜。拍卖现场会议结束以后，对于已经由拍卖师落槌成交的设计作品进行现场收取订金，2个工作日内办理移交手续；对于未拍卖成功的作品需在30个工作日内，按原样返还作品提供者。对所有成交作品的底价和成交价格进行公示。

五、《实施细则》（略）

艺术青年人创业孵化项目计划构想案　　"白日梦"艺术经纪咖啡厅（节选）

一、摘要

整合文化艺术界资源为第一要素，以高端资源对接低端客户，挖掘文艺青年创业的隐性需求。

以咖啡厅的名义，为中国文化艺术产业开辟一个新型产业模块，为艺术家与青年人搭建一个开放、专业的交流场所；为青年艺术作品提供一个交易平台，为艺术青年人创业编织一个孵化摇篮，为怀揣艺术梦之人构筑一个展示自我的舞台和发展的机会。

以此，展现创意产业的独有性，创造时代"正营销"价值，繁荣文化艺术大市场，促进文化产业大发展。

二、背景分析

随着社会的发展，大学生创业已纳入国家发展战略中，青年创业平台的打造已成为急需解决的一件社会性现实大事。于此，以青年创业、人才孵化为主题的相关文化性产业应运而生，并收到了良好的成效。其中，衍生出以青年人创业和项目投融资为主题的咖啡厅陆续出现，并迅速席卷北京、上海、武汉、长沙等地，这已为文化产业的发展带来了一种新型的产业模式，同时也为创业青年开辟了一种共情、实际的体验和感受。

三、市场分析

尽管如此，经调研发现，相关主题咖啡厅都是以"IT"等其他实体行业为内容的，而以文化艺术为内容的和针对艺术青年创业为主题的相关平台至今尚未出现，其原因包括以下几点。

（1）门类广：音乐、舞蹈、表演、美术、设计、艺术管理、播音主持等20多个专业；

（2）专业细分：影视演员、话剧演员、音乐剧演员、声乐、主持、器乐、作词、谱曲、小说诗歌、写作、艺术评论、编剧、编导、舞美、灯光、服装设计、剧务、导演、制片管理、策展、文化经纪人、文化艺术策划及各美术和设计专业种类等200多个专业方向；

（3）高端艺术机构、文艺人脉整合性难度大：文化、艺术、文学界各类专家学者、明星、大腕、中国高端文化艺术机构及各类团体、著名企业，等等，必须是具有相当的综合人脉资源才能够触及构建。

同时在调研中发现，艺术类青年创业市场大，需求受众多。据统计，艺术类高校及综合艺术类高校在北京就有50余所，全国3000余所。每年应届艺术毕业生达几十万人。

所以，欲想创建文化艺术为内容的和针对艺术青年创业为主题的相关服务平台绝不是资金投入大与小的问题，关键是要具备综上所述的硬性资源方可实现。

四、竞争分析

鉴于以上，王鹏点石文化艺术策划工作室集结品牌中国联盟文化艺术专业委员会、北京多家高端文化艺术机构、院团以及文化艺术界名人为本平台的服务资源，创建中国第一家以艺术青年人创业为概念，以艺术交易、经纪为内容的艺术青年人咖啡厅。坚信，通过差异而独特的商业模式和新型的娱情体验，以及优良的内容及"追加服务"，将会成为我国文化产业的新奇葩。

五、战略目标

资源整合最大化，把差异做到唯一。

先做强再做大，创建文化艺术产业新范式。

六、主题语

挖掘、整合、服务、唯一。

七、广告语

改变现在，改变自己，改变未来。

八、品牌名称

"白日梦"咖啡。

九、项目内容

艺术青年人咖啡厅，以文化艺术类的专业整合人士及艺术家为背景，通过众多艺术青年人在该平台的聚合和交流体验，达到以下目标。其一，他们找到了专业合作小伙伴；其二，发现其中的艺术人才和优秀作品，进行签约经纪和线下交易、包装；其三，对年轻人的好的创意艺术项目进行引资、投资，使艺术创业者能够获得最为缺乏的发展机会和资金启动，并更加快捷高效地创业；其四，作为中介环节，通过高低两端（需求者和被需求者）的整合对接进行中介服务；其五，进行项目延伸和衍生，设计一系列相关活动，形成系列的连锁反应。以上这些"正反馈"机制和这样一个特质的组织形态和工作形式，将达到互为助力、共同发展、良性循环，从而获得强大的项目生命力，显现了项目品牌的溢价性，顺应了时代的需求。

咖啡厅环境格局包括：大厅；大小会议室；咨询室；办公室；发布、讲座、表演及培训等多功能厅；美术和设计作品展厅；工位区等（预计实用面积约1500平方米）。

十、运营模式

（1）以高端资源对接低端客户，创造"正营销"主张。

①平台服务的不对称资源对接，线下经纪交易，进行艺术中介服务，包装艺人、画家及延伸活动等；

②收益：交易和经纪包装佣金制、场地租赁、培训费用等；

③实行名家艺人及高端艺术机构股权制，建立长期发展机制。

（2）成立艺术基金。实施"种子计划"（扶持青年艺术家、新概念立项实现）和"琢玉计划"。

（3）设立艺术品牌奖项。建立行业规则，设定进入障碍，掌握权威话语权，引领概念风向标。

十一、项目延伸内容

（1）俱乐部：拥有圈内身份，用项目对接，享有项目人才优先权、咖啡厅活动优惠参与权等。

（2）名人沙龙：提供持续的深度沙龙及聚会，促进知识分享和股东交流。

（3）品牌推广：企业品牌发布会、艺术家个人作品签售会、名家作品展示、企业冠名活动等。

（4）展览：自助展览、常规展览。

（5）租赁创作工位：创业人自发组建创作工作室。

（6）拍卖：艺术品拍卖、新概念拍卖。

（7）猎头：建立初级会员信息系统（针对高校艺术院校学生、创业者等），项目对接人才，多方资源，低成本运作。

（8）培训：企业培训、院校培训、专业培训。

（9）实践基地：学生实践、短期培训。

（10）派对：业内冷餐酒会及艺术、时尚派对等。

（11）咖啡及西便餐：咖啡厅日常经营。

（12）线上活动：开发 APP，开展线上活动，增强传播度与参与度。

（13）线下经纪及交易：成立（或合作）艺术经纪机构及录音棚、摄影棚、画室等为青年艺术人服务。

（14）各类艺术展示周：开展以表演、设计、美术、音乐、时尚、创意、诗词、主持、舞蹈等为主题内容的活动，邀请专业名人评选，扩大影响力。

（15）网站：联合开发以会员制信息通道为主兼顾其他。

（16）内部交流刊物：以赠阅方式进行。发布艺术信息及文艺青年作品专家点评等。

（17）网络节目：与央视网络电视台合作办相关电视栏目。

十二、项目特征分析

任何一个项目都离不开管理模式、资本模式和商业模式，而商业模式才是项目的市场竞争核心及价值逻辑。

本项目的要点不仅是内容创意，而是更具标新立异的商业模式创建：

（1）独特的艺术青年创业价值主张；

（2）精准的艺术交易经纪定位；

（3）隐性的艺术人才孵化与娱情相结合的感受需求；

（4）黏性的项目延伸的收入持续；

（5）长久的艺术交易和艺人经纪及包装的增长潜力；

（6）非实体性产业的精神和资源对接的成本革命；

（7）项目本身可在全国复制扩张；

（8）掌控艺术家及艺术机构的整合核心资源，他人是不能复制的；

（9）项目的价值链可以延伸与重组。

十三、前景要素分析

（1）很难有同类竞争者进入；

（2）没有类似整体替代性行业；

（3）具有中介方市场的资源唯一特殊性和无讨价性；

（4）项目具有全国性的自我复制延伸性；

（5）一次性成本投入，多类衍生获益；

（6）应该得到政府政策扶持，纳入"民营孵化器支持体系"，享受政府资金补助及优惠政策。

十四、资本策略

项目从资源资本开始，不断向金融资本渗透，再寻求产业资本支持，以此作为文化艺术产业发展基础。所以该项目具备了：

（1）依据资本运作的客观规律行事。

（2）整合上端艺人资源，吸引低端艺术需求创业者资源。具有中端管理、交易人才资源。

（3）避免了受经济市场风险影响的实体性资本行业，而以资源带资本的策略实施。

十五、资金预算（略）

十六、愿 景

青年艺术人咖啡厅是属联合构建的、寄予期望的经营实体，是构建者对文化艺术事业的一种使命驱动下的时代责任，也是我们把艺术事业做成"命业"的一种光荣而伟大的投射。

以艺术人咖啡厅为名义，以品牌为使命，为文艺青年的梦想助力。我们的项目概念是成功的酝酿，是我们感悟生命意义的开始。

坚信我们的决策与义举，将得到市场受众的一呼百应和艺术市场的青睐及媒体的热议，从而大获政府支持和社会支持及增长的经济效益，也将为我国文化艺术产业真正的大繁荣，增添精彩而又生动的具有品牌价值的亮彩。

广州××中学文化战略与品牌建设概念案（节选）

一、引 言

目前国内中学教育正面对着越来越大的压力和挑战。办学中普遍存在着管理模式传统、定位不明、战略雷同、文化单一、特色迷失、教学手段陈旧、教育思想不清等问题，使学校之间的竞争出现无序化倾向，制约了学校系统的高效运转和协调发展。所以，学校之间逐渐通过其品牌和知名度影响教育消费者的选择和判断。因而，品牌建设与传播已成为当今学校面对竞争的重要法宝。

二、文化战略

CIS 系统。

学校品牌是学校的师资力量、教学水平、科研成果、人文素养、校园风貌等经过长期的历史积淀以及领导者的战略思想而形成的，是外在形象和内在文化内涵的集合体，它也是学校和教育消费者之间形成的一种情感纽带，也是学校影响教育消费者的途径和沟通载体。

随着学校品牌建设的深入，探讨教育管理的研究者们也开始将营销策划和 CIS 理论引用于学校品牌化管理和形象塑造中来，并收到一定成效。

SIS(School Identity System) 理论被称为是"CIS 理论的延伸"，即在学校的品牌经营中导入 CIS 理论，汲取 CIS 理论的精神妥善规划与设计并使之升华为学校形象识别系统即 SIS 理论。SIS 理论要求深刻挖掘和提炼学校精神和办学理念，确定群体行为的规范、视觉识别的统一性、学校格调的特色性和环境氛围的文化性，强调科学管理，打造特色学校，创立学校品牌。

对于该中学来说，面对社会变化和严峻挑战的时代，针对大众需求、社会发展对学校提出的新要求和学校经营、管理、发展过程中所面临的生存与发展等问题的情况下，应依照正确的教育思想，整合运用"教育策划""学校诊断"等现代化教育管理理念、教育技术，采用科学的方法，按照科学的操作程序对学校的发展与经营进行决策、规划，对学校的形象进行刻意的设计和创造，借助宣传媒体向外界充分地展示，使之形成鲜明的特色，并逐步把学校打造成一个新型品牌。

学校文化 SIS 系统是学校文化整体规划解决方案，主要包括：理念识别系统（MI）、行为识别系统（BI）、视觉识别系统（VI）、环境文化规划系统（EI）。

（一）理念文化系统

学校理念文化识别系统（MI）是学校文化识别系统（CIS）的核心工程，它对内可以激励全体师生，对外可以展示学校的价值追求。学校理念文化识别系统要依据教育发展趋势和具体的教育政策，结合学校的地域特色、历史沿革、现状分析以及未来发展的多种可预期因素进行综合规划。MI 是学校持续健康发展的基本保障。其作用在于引导、规范、激励师生的价值追求，深化、规范、提升学校的办学理念，科学定位学校的发展方向，铸就学校的文化品牌。

具体规划内容包括基本理念：核心理念、学校精神、学校价值观、学校使命、学校座右铭、校训、校风、政风、教风、学风、学校形象定位、学校发展愿景等。治学理念：教育理念、办学理念、办学方略、办学特色、办学追求、办学宗旨、培养目标等。治校理念：治校理念、发展理念、管理理念、用人理念、质量理念、服务理念等。口号誓词：学校口号、教师誓词、学生誓词、学校宣言、校长寄语等。

1. 品牌形象概念定位

阳光（依据学校现制定的理念而定）（该中学应高调提出"阳光教育"的主题概念）。

1）品牌形象概念联想

炽烈，太阳，生命，积极，向上，变化，规律，乐观，开放，开朗，成长，光明，果实，活泼，朝气，健康，热情，时空，燃烧，能量，光波，光源，自然，普照，缤纷，富有，不息，能源，透明，新鲜，速度，温暖，光辉，灿烂，照耀等。

2）品牌推广语

（1）阳光滋养成长，心智收获成熟。

（2）专注培育成材，价值繁衍成功。

3）辅助宣传语

（1）阳光伴随你成长。

（2）我们相随收获。

（3）阳光——收获生命的成果。

（4）阳光普照人生。

（5）阳光教学，成才看我。

（6）阳光就是成果。

（7）在心智的阳光里成长，在我们的教育中成熟。

4）"阳光"教育阐释语

（1）春天沁润稚嫩的花朵，即使花开也有夏末的花落，能挂在秋分枝头上的才是果实，用阳光和心智去收获生命中的辽阔。

（2）阳光教育——帮助学生过一种快乐完整的学校教育生活。

（3）阳光教育——是一种新教育理想，一股新教育激情，一份新教育诗意，一项新教育行动。

（4）阳光教育——改变学生的生存状态，改变教师的行为方式，改变教学的传统方式，改变教育的发展模式。

5）"阳光"理念

无限相信学生与教师的潜力；教给学生一生有用的东西；重视精神状态，倡导成功体验；强调个性发展，注重特色教育；关注成长过程，让师生与人类崇高精神对话。

6）"阳光"行动

营造书香氛围，构建理想课堂，共创人文和谐，聆听窗外声音，培养卓越人才，建设教育品牌。

7）"阳光"教学指南

（1）发展论：为了一切的人，为了人的一切；

（2）行动论：只要行动就有收获，只有坚持才有奇迹；

（3）潜力论：无限相信学生与教师的潜力；

（4）个性论：强调个性发展，注重特色教育；

（5）崇高论：与人类的崇高精神对话；

（6）和谐论：教给学生一生有用的东西。

8）"阳光"教育理念

用激情点燃激情，用梦想推动梦想。

坚持以人为本和民主教育的教学理念，使每个学生的潜能得到开发，顺应人的不同时期身心发展规律，保护和发展学生成长阶段的创造特点。

运用多种教学互动形式，营造充满关爱和友善的环境，注重完整的人格培养，使学生在学中身心得到舒展和满足。

引进和研发卓有成效的教学体系，促进人的表现能力超常发展。

培养和鼓励学生独立思考、大胆创新的习惯，加强全新思维训练，通过学习提高学生的文化素养和文化品格。

9）"阳光"教学宗旨

关注成长，体验成功——成长比成功更重要。

10）"阳光"教育目的

挖掘学生潜能，拓展学生能力，培养健全人格，提高文化素质。

11）"阳光"教学目标

通过卓有成效的课程，让有梦想有激情的师生获得可见的教育成就。

通过新教育榜样的势力，让该中学成为国际化的教育品牌。

12)"阳光"教育理解

教育其实就是教育的本真,是应该被还原的教育梦想。

教育是一项崇高的事业,其崇高建立于对每一颗稚嫩生命的呵护和关爱,对每一份生命尊严和质量的扶植,对每一颗纯真心灵的理解和尊重。

13)"阳光"教学原则

(1)尊重原则:尊重每一位学生。以学生为中心,改变传统物化教学,让学生主动、快乐学习,建构学生的完整人格。

(2)赏识原则:学生每一步成长过程中的学习经历,都应以爱是最美的语言、微笑是最具感染力的行为,赏识为最大的认同原则。

(3)潜能存在原则:每个学生都具备无限的潜能,不能忽视和放弃每一个学生,让学生从自己的人格出发,去释放自己的潜能。

(4)体验成功的原则:让学生体验成功、感受成功,获得自信。

(5)问题自查的原则:没有教不好的学生,只有不会教的老师。

(6)"四全"原则:全课程设计、全过程把握,全方位入手、全身心发展。

14)"阳光"教学境界

(1)第一重境界:落实有效教学框架;

(2)第二重境界:发掘专业这一伟大事物内在的魅力;

(3)第三重境界:学习、生活与师生生命的深刻共鸣。

15)"阳光"教学特色

(1)学生择学前,由我国心理学、教育学、艺术学专家对学生进行潜能及智能(语言智能、音乐智能、逻辑智能、自然观察智能、空间智能、人际交往智能、运动智能、内省智能)等多项指标进行测评,以测评报告单为实施教学依据。

(2)特设思维作文、演讲和辩论训练,加强学员思维反映能力、语言表达能力、文字能力的培养。特邀中国著名高校教授加盟合作。

(3)以不同形式和形态,进行品德、性情、协作、情绪、礼仪的教养。

(4)本着"一切为了学生,一切为了家长——全心全意为人民服务"的管理方针,及"伴随学生一起成长"的理念,成立家长指导委员会、校外客座管理委员会,定期听取委员会成员建设性意见,以求完善发展;学校倡导爱心式教学,积极开展无记名对授课教师评定活动,以提升教学服务质量;网站设立"我们一起成长板块,聆听社会人士、家长、学生的声音,真正做到'您无悔的选择'"。

（二）视觉识别系统

学校视觉文化识别系统（VI）是学校文化识别系统（CIS）最为直观的组成部分，是学校的视觉形象工程，通过个性化、标准化、系统化的设计方案，对以校徽、标准字、标准色为主的基础要素和160多个应用要素进行规范，塑造独特的视觉新形象。它兼顾学校内部不同的功能需要，以校徽、标准字、标准色为核心，涉及教学、办公、指示、公关等100多种应用元素，通过个性化、系统化的视觉方案使学校的办学理念得以规范呈现，从而塑造学校良好的视觉形象。

具体规划内容包括核心元素：校徽、标准字、标准色。实用元素：办公、服饰、公关、交通、指示牌、环境系统等100余个设计元素。

（三）行为文化系统

学校行为文化识别系统（BI）是学校文化识别系统（CIS）的保障工程。它以学校理念文化为基点，对内完善学校规章制度，规范学校行为；对外加强学校宣传，开展校外交流活动。学校行为文化识别系统的规划与设计应与理念文化保持一致，通过学校的各种行为特征来展现学校的办学风貌，提升学校的整体形象。

通过健全组织机构，完善规章制度，细化管理项目，策划专题活动，使学校的运行机制合理化、系统化；通过规范师生行为特征，塑造学校良好的行为形象。

具体规划内容：①学校规章制度的修订与完善；②学校课程的指导与开发；③学校专题活动的组织与策划，教师科研，教师培训，等等。

（四）环境文化系统

学校环境文化识别系统（EI）是学校文化识别系统（CIS）的基础工程。环境文化作为学校教育的重要隐性资源，其主题突出的走廊文化、教室文化、办公室文化、生活区文化、活动区文化及个性鲜明的校园人文景观对在校师生可以起到"润物细无声"的教育功效。学校环境文化建设要以"六化"为指导原则，做到校园环境的净化、绿化、美化、秩序化、人文化、教育化。

环境文化规划系统（EI）是学校文化建设的基础工程，其对学校功能区进行系统规划，确定文化建设主题，营造个性文化氛围。主要包括：走廊文化、教室文化、办公室文化、会议室文化、宿舍文化、道路文化、景观文化等。

1. 具体规划内容

（1）教学区的环境规划与设计：包括楼宇命名、教室及走廊等的文化设计。

（2）办公区的环境规划与设计：包括楼宇命名、办公室（校长办公室、教师办公室及会议室、接待室等各种功能室）及走廊等的文化设计。

（3）大门、生活区、活动区、校园景观区的环境规划与设计：包括景观（雕塑、喷泉、假山、小品、园景小区和绿化带等）、运动场、道路（道路的设计、命名和释义）等设计。

通过理念内涵、行为特色、视觉感知传达出来，突出表现在该中学形象、师生形象、学校声誉、组织体系、标志、特色建筑等方面，它是学校长久以来在教育消费者心中形成的认识和感受，是学校的无形资产，具有很强的识别性。

2. 荣光课

学校品牌是区域教育品牌的支柱，区域教育品牌是学校品牌的保障。一所学校要打造品牌必须有良好的外部环境和政策引导，当地政府对教育发展的能力和战略思考对学校品牌的发展有着直接的制约作用。区域内的教育消费诉求转化为政府的教育政策取向，必然会与学校品牌发展形成互动。因此，建立学校品牌并不是闭门造车的事情，需要积极与当地政府、教育机关沟通，达成共识，在学校建设中也要为区域教育环境和文化战略做出贡献，把学校立于区域之中，促进品牌张力，梳理资源，树立长远目标，挖掘盘活隐形资源，与区域教育共同发展。

在此认识上，首创该中学荣光课。课程以学校精神文化、学校 CIS 系统中 MI 与 BI 主旨为部分基础内容，并包含校史、校园文化，学校有符号认知形象的物件复建，以及区域、地域乃至国家文化和教育历史等。不仅在日常教学工作中不断深化认识学习学校精神与价值观，并且引导学生老师共同学习自己身处环境的历史文化，增强地域荣誉感，把握地域教育政策。同时把荣光课作为学校外交手段、公关渠道，面向其他兄弟学校和大学，面向教育工作者和研究人员，不断开发新课题、新方向，创建新的充满活力的竞争计划。

荣光课形式要多样，注重内容与活动并进，增强实践性与参与性。首先让本校学生和老师真正的参与进来，增强学校归属感与荣誉感，实现文化战略布局。

率先在教育系统倡导学校"责任感文化"概念，编写学校文化手册，并实施落实。

3. 学校副品牌

（1）举办古典美好的升学仪式（针对初中升高中的孩子，表示即将踏入一个新的阶段）和现代庄严的成年礼仪式（即将高中毕业的孩子）。用仪式感促进孩子的心理变化，巩固成长责任。

（2）高三毕业晚会。学校副品牌是学校品牌塑造及传播的直接表现形式。"荣光课"表现学校的教育格局与地域（民族）责任感；"升学仪式"和"成年礼"表现的是对学生的殷殷期盼，美好祝愿；"毕业晚会"表现的是学校的人文情怀与时代感。这三种不同形式的副品牌共同打造学校的价值观与文化，成为最为合适的学校文化战略与教育理念，时代责任感与创新意识的传播载体，为该中学的品牌建设营造出正面的舆论环境和良好的时机。

三、品牌建设

（一）初级阶段

1. "阳光教育——实现梦想的中学"

打造"教育轻资产"概念，使用而不是占有资源，与本省、全国及国外大学形成良好关系，进行资源置换，与大学研究所、科研组、项目中心进行合作，成立学校中学教学研究所，成为其实践基地。

提出"这是离阳光最近的地方"宣传语，制订具体方案，树品牌，扩大招生。举办"暑期大学行"定期活动。每个暑假，带领学生进行游学，不仅仅是校园旅游，包括大学专业的了解，专业学院介绍，大学教授公开课，师兄师姐见面会等活动，为即将步入大学的学生预热，具体地把大学呈现在学生面前，以鞭策学生的努力奋斗精神。

在课程设置中增设一些初级入门的特色创新课程，与社会一些组织机构共同开办的兴趣课程（野外生存课等），编写《阳光学生行动手册》。

2. 教师学堂与家长联合会

办学理念中提到了"为教师自我实现铺路"这一观念，具有先进的教育理念与格局观。如果把学校喻为企业，教师其实才是学校的"产品"，学生更应是"消费者"、服务对象。学校的招生率升学率建立在学校的师资力量上，一所学校拥有优质的教师力量、强大的教学水平，并且保持着学习精神与创新眼光，那无疑是如虎添翼的，保证了学校竞争的核心力量。

"教师学堂"为学校教师提供一个学习新知识、追寻新理念、交流新经验的平台，在已有的"新老教师一对一拜师"模式的基础上，展开更为灵活的互相学习模式。建立相关主题研究小组、研究工作室，定期举办活动，开创新课题，探讨新的教育理念模式。打造教师的活力源，保持其在同等学校中的先进理念水平，增强教师的学术能力和进步空间。

建立"家长联合会"，实现学校与家庭的互联，打造专业社群，保持学校、家庭与社区的伙伴关系，提高学校领导和教育活力。通过开通短信服务，网站服务，APP开发以及定期校内家长活动，使得学生家长理解并认同学校文化精神，支持并力行学校相关活动，共同创造良好学习环境，关心学生的身心健康发展。

"家长联合会"不仅仅是学校的后盾,也是学校品牌建设的一部分,是学校品牌公关的有力一击,实现口碑传播、病毒传播的宣传推广。

3. 品牌活动系列

(1)升学仪式,成年礼,毕业晚会,专业与职业体验,校园开放日。

(2)阳光活动周,培优班(军事化管理、生存训练等特色尖端内容)。

(3)特色班(艺术类)。

(4)品牌宣传。学校品牌宣传实现低调、集中、指向的特点,除去常规宣传外,更加注重活动展示宣传及口碑传播。

①媒体传播:学校主页网站、相关兴趣小组讨论小站、学校电台、学校宣传片、微电影、学校宣传册、手机 APP、阳光行动手册、校刊等多种校内资料。

②活动传播:品牌系列活动传播、展示(领导、家长、社会参与)。

③专业社群:家长联合会相关活动。

④成果汇报:学生各种学习成果汇报、教师课题汇报、学术著作、调查研究等。

(二)成熟阶段

教育,永远是国家命题。一个学校,一个区域的教育归根结底要上升到国家对教育问题的重视与创新。学校品牌建设,不仅仅是为了增强学校综合实力,提高学校软实力,也是作为国家教育的一分子,从地方从基础上进行教育理念探索,教育模式创新,希望为国家教育体系提供最新鲜最活力的第一手资料,最终实现国家教育的进一步改革。

1. 开创"为学"特色学校计划

成立"为学"计划专项课题组,以"教师学堂"为主要力量,进行"为学"计划的理论研究与数据积累,撰写《特色化学校发展实验校建设细则》,向相关部分进行《"为学"特色学校计划》申报,进一步联合其他高校成立"为学优质学校协会"。

确立"为学"特色学校的评价标准:

(1)以人为本,以学生为核心;

(2)学校组织与文化建设;

(3)挑战性、特色化的课程;

(4)主动的教学与学习(师生都具有);

(5)专业社群;

(6)领导和教育活力(校长培训,教师成长);

(7)学校与家庭,社区的关系;

（8）硬性指标（招生率、出勤率、升学率、心理健康指标、教研成果等）。

2. "为学"系列项目

（1）联合教育核心期刊，权威杂志进行"全国优质学校"排行选拔；

（2）设置"为学"教育专业奖项。

3. 卓越计划

实行"卓越计划"，建立专项基金，为九年义务教育后经济上无法实现高中教育的学生提供帮助，制订学习规划、职业理想规划。

四、结 语

教育是一个民族最为深层的根基，是国家命运的掌航者。追求国家强大、民族兴旺，最终还是要落到教育上。

以该中学全体的努力与真诚的付出为旨意，以其品牌美誉及价值为目标，创建辉煌的未来。

李宁"魔法传奇－魔幻之旅"宣传案（节选）

产品定位：大型舞台情景魔术。

产品名称：李宁"魔法传奇－魔幻之旅"。

演员宣传定位语：中国舞台情景魔术第一人，蒙特卡罗国际魔术比赛"金魔棒"奖，亚洲唯一获奖者——李宁。

推广语：神奇与心智的超越 时尚与娱乐的极限。

宣传案语："金魔棒"炫耀"魔幻之旅"。

中国杂技团与美国拉斯维加斯著名魔术公司联袂策划打造，中国舞台情景魔术巨星李宁的倾心力作——大型舞台情景魔术"魔法传奇－魔幻之旅"撼动闪耀。

在这里——魔术师特立、达意的心智，释放出魔法的无际魅力；

在这里——视觉冲击挑战您的想象，留下难解的悬念和神奇；

在这里——传统与时尚的完美共情，映亮后现代魔术的艳异；

在这里——时尚与艺术的缤纷绽放，展现新娱乐时代的绮丽；

在这里——机智和幽默的现场互动，带给您阵阵精彩的快意；

在这里——大型幻术、遁术、近景魔术让您一览无遗；

在这里——李宁带您一起，领略中国古时美轮美奂的奇妙多姿、感受三十年代上海滩霓虹灯影下浪漫的玄妙游离、体验尼罗河畔金字塔下悬浮的奇幻和北欧极夜静谧星空下的神秘……穿越时空的"魔幻之旅"。

电影《青春真好》宣传片案语

一、教师篇

旁白加字幕：

① 透过岁月，我拾起了他们在身后留下的所有脚印。那是关于青春的，关于成长的，关于生命的，还有许多我不知的梦。

②（②-a）纯洁、亮丽、星星、月亮、鲜花、阳光、舞蹈——这一切都很美，但在背后，也有青春的泪水和青春的秘密。

（②-b）是啊，因为梦在他们的心里，梦只属于自己。

③ 青春的追求只有不放弃，美丽的梦想才不会失去。

④ 他们在飞，飞到宽广的蓝天，我也想飞，飞到学生们的梦里，为了他们的明天更有意义，伴随他们一起。

⑤ 青春因为有梦才艳丽，梦因为青春才有记忆。

⑥ 每当我面对着他们纯真的眼神和净素的稚气以及张张甜美可爱的脸，总是由衷地说：青春真好。

青春真的很好。

二、学生篇

旁白加字幕：

① 一切如瞬间，青春，被美好擦亮。一切是今天，青春，就在眼前。

② 今天，我们与青春相遇，含苞的花蕾虽未绽放，亦然不失盛开的芬芳。

今天，我们以青春的姿态奔跑，以爱的内容歌唱，让青春在律动中飞扬。

③ 梦想长在心里，却盛开在远方。

我们，渴望长大，让花季的年华惊艳绽放；

我们，渴望自由飞翔，去拥抱自己神圣的梦想。

④ 青春，是懵懂羞涩的甜，是粉色瑰丽的梦，是昂首激荡的潮，是校园纯净的美。青春，是我们的名字；青春，是我们的模样。

（字幕）青春真好。

⑤ 青春，真的很好。

三、评述篇

字幕：

这是中国首部校园青春纪录性情态电影。影片中的编剧、导演以及所有演职人员都是真实的在校学生、老师以及家长。

电影《青春真好》告诉我们："成长比成功更重要"这样一个时代教育理念。

青春的梦想是什么？是自我心灵的对话，是情感价值的诉求。电影《青春真好》给了观者这样一个答案。

电影《青春真好》，不是用所谓艺术去粉饰情节，而是以真情实感去表现，引发观者的情态共鸣和青春记忆。

我国的教育面临着这个时代的追问，电影《青春真好》恰恰契合了这个时代的轨迹，给予教育工作者一个时代性的思考。

电影《青春真好》是一部把握时代脉搏，站在大教育视野下，揭示这个时代中学生的心理需求特征和自我梦想，塑造一种教师与学生、学校与社会的新型关系的正能量的励志影片。

其实，我们这个时代不缺少梦想，而是缺少梦想的榜样，电影《青春真好》在倡导梦想榜样的意义性。

艺人品牌定位策划（节选）

一、档案

姓名：黄琦雯；

教育背景：解放军艺术学院硕士研究生；

工作单位：中国歌剧舞剧院。

职业：歌手；

类型：音乐人；

曲风：摩登复古。

气质释读：淡然、优雅；

形象描绘：素净、冷魅；

演唱风格：激昂、细腻。

生活观：正能量、正直；

工作观：努力、完美；

爱情观：真诚、内敛。

二、个人特色

典雅个性美女，不对称短发，长腿，一双大眼睛和具有与生俱来的后现代气质，身高：170cm，体重：49kg。情态活力、自信大方。受众群为中青年白领及成功人士，适合为大气服饰和典雅珠宝代言。符合积极创新的时代特征和时代审美取向。舞台感染力强，嗓音辨识度高，表演极具共情力、感染力是该艺人的最大特点。

三、音乐特征

声线和唱法极具个人特色，至中国曲风融会贯通。音乐定位引领时代风尚，具有深刻的观念先锋性和复古风尚。鲜明的时代文化态度和艺术品格。

四、市场定位

品位、生动的活力，摩登时尚范儿，复古内涵意味，拥有自己的时代品质指标。适合参加时尚典礼、派对、大型文化活动、开幕式，以及杂志封面的拍摄。

五、品牌代言定位

（1）奢侈品类：设计感比较古韵雅致的产品；

（2）有文化内涵的个性品牌；

（3）知名饮料类；

（4）高档电子产品类；

（5）化妆品类：特别是眼线液、口红等能突出个人特色的；

（6）高档车类；

（7）高档个人用品类；

（8）珠宝银饰类；

（9）服饰鞋包类；

（10）美发产品类。

六、人群受众

(1) 城市分布：北京、上海、广州等大中城市；

(2) 男女比例：男：59.08%，女：40.92%；

(3) 年龄分布：28～50岁；

(4) 职业分布：企业白领、教育、时尚、文化、艺术；

(5) 学历分布：本科以上。

为你开启的门　《艺术门》杂志创刊辞

上帝创造自然和人，人创造门连接自然和人，人在"有境"与"无境"间穿梭于缤纷的门。

以"门"为"因"派生出：起始、形态、方法、行为、事件、结果等无限遐想，包罗的"门"将万象融入呼与吸之间，精湛的意境，妙不可言！

有缘必有应，让我们为您开启一道《艺术门》。

《艺术门》向您诠释："圣境的角度"可以另辟蹊径，"艺术的触碰"需要全新定位，"明晰的诉求"能够浓墨重彩，"独特的观念"理应倾力打造。

《艺术门》没有巍峨林立，没有雕龙砌凤，没有炫耀显贵，没有高悬敬畏。我们将以真实、平实、诚恳、亲和的姿态，为这个时代奉献一本以企业家为服务对象的艺术杂志。在这里，我们拒绝"艺术"的"孤傲"与"强权"。我们认为：艺术绝不是艺术家个体的单一价值显现，而是人类精神、情感和社会通识的寄生；艺术是一种生活方式和博雅品位以及社交通达的情操状态，也是这个时代中产业发展的一个新拐点式契机。所以，我们试图突破常规艺术类杂志的主旨与表征，构建一个民生与艺术之间的实际性通道与互动式体验平台。

走进《艺术门》，风光旖旎，让您尽收眼底：

"满庭芳"——"艺术市场"（趋势、专栏、资讯）；

"汇雅堂"——"对谈"（文化访谈、跨界对话）；

"思远斋"——"策划人手记"（艺术项目、展览策划、艺术推广）；

"天籁阁"——"艺术买手"（艺术经纪、艺术平台、收藏故事）；

"洗心室"——"专属定制"（视觉形象、艺术路径、个性创意）；

"双鉴楼"——"品牌艺术"（品牌人物、品牌释读、品牌发布）；

"望晖阁"——"美术馆"（展览海报、画家介绍、名人推荐）；

"向陌林"——"艺术生活"（话生活、时尚秀、目的地）。

在这里，企业家与文化学者、文化产业专家、艺术家、策划家、艺术投资专家、收藏家聊天说地，一树百获，岁计有余。

亲爱的朋友，人生要跨越无数道门，每一道门，都是一个陌生和奇妙的世界；每一道门，都有探解不完、研求不尽的内涵和奥秘。

《艺术门》为您启迪、伴您同行、托您梦想。

文化艺术项目败局评录简要

前言

今天我们缺少的不是金钱与人才，而是缺少对全新思维的敬畏。

成功是一个偶然，曾经的成功对今天而言，是一剂毒药，不要坠入曾经的陷阱。可能今天的你就是带着体温倒下的那个人。

未来已经到来，只是你并不知道。

败局评录

（1）领导自大，对文化产业缺失深层理解和认知，没有系统知识。

（2）缺少理性的发展路线。

（3）忽视生存第一的原则。

（4）没找到靠谱的合伙人与团队。

（5）发起人不擅长与投资人沟通。

（6）投资人盲目进入陌生行业。

（7）不切实际，模仿别人。

（8）投资人过度与项目谈"恋爱"。

（9）盲目乐观的理想主义者。

（10）遇到困难就撤离。

（11）延续传统模式，没有转型升级。

（12）进度太快，操之过急，盘子太大。

（13）重艺术，轻运营，忽视策划营销。

（14）缺少"试错""迭代"意识。

（15）战略不清，节奏不准，目标模糊。

（16）贪大、求全。

（17）整体战略与局部建设不配套。

（18）仓促上马，盲目开始。

（19）过度信奉对资源的依赖。

（20）注重艺术质量，轻视市场感受。

（21）领导人参与创作，缺少判断力。

（22）被"繁荣"的表象所牵引，没有看到事物背后逻辑的脆弱。

（23）对项目没有事前系统策划，缺失动态分析（优势、劣势、机遇、威胁）。

（24）项目没有核心竞争力与价值主张。

（25）项目本身与原始资本不符。

（26）项目没有防御机制和评估标准。

（27）对艺术项目完全以一个艺术家心态进行，没有时代经营头脑。

（28）只关注"内容模式"，缺乏经营、延伸模式。

（29）过度相信商业模式的能量，其实这个世界根本没有完美的商业模式。

（30）项目无法真正提供观者及用户的体验，没有挖掘消费者的隐性精神，引起情感共鸣。

（31）过度关注"政策"，忽视自我生命长度。

（32）项目没有品牌意识与延续增长性。

（33）自身团队专业水平低弱，忽略外脑。

（34）注重人情、关系，受外界环境干扰。

（35）找了一些"假、大、吹"人员策划、制作项目。

结语

成功不可复制。

研究别人的失败，是为了自己的成功。

失败是一种可以倒推的因果。

微笑面对失败。

第四部分　带着思绪狂奔

诗意时光

你的禁锢是为给我今天的美 （江西吉水燕坊村观感）

时间的细碎让黄昏恋念，
淡远的沧桑凝结在我惊讶的眼前，
即将逝去的村落在我心间徘徊。
留不住的往事，
用构想装进我的脑海，
让不息的流淌抚摸生命的疮痍。
拥着过往的孤独与禁锢你眠了几百年，
只为今日对我的释怀，
拥着你的呻吟，
我发现了你真正的内美。

冬令的柿子树

楼前柿子树上的橘色生命在风中唱歌，
这是经过季节簸扬后的坚强。
仰视高高枝头吊挂的柿子，
仿佛在敬仰生命的精英。
感到了殷实和神圣，
它超度了衰竭和劫难。
以春的重托，
深情以往唱着冬季的歌。

心与灵的美丽绽放

第一次,是永远的铭记,无论值不值得记忆。有时,想抹也抹不去。
因为,人生的每个第一次都是用命脉嵌在心里。
我敢断言,在你的人生中,今天,才是你最值得珍藏的第一次——你与优雅相会,与生命意义共歌。因为,人生的最大价值是心与灵的美丽绽放。
让心湖流通,让人生呈现精彩的温度。
内心就是自我的容器,有人能容广博的天地,有人却仅存惯性及狭小的利益。
是啊,水与心相通,内心犹如湖,如不流动融通,就会变质干涸,
引流全新的清泉,激荡生命的心湖,畅行在永远不变的改变中。
只有心动,脉才动,
让心湖流通,让人生呈现精彩的温度。

永 恒

人间没有永恒,也没有永恒的幸福,永恒的幸福在天国。
人间只有快乐和哀愁,找到快乐是一种面对现实的淡然心态,
而不是外在的势力,因为快乐不分贫富、高低和老少。
这个世界上帝只有一个(不在人间),人却有几十亿,只有寻找生活中的每一次平凡的快乐,才是人活着的根本真实所在。

"点石斋"

书房的灯光照亮激荡的心窝，
长出一棵挂满过往的诗韵树。
墨气绵延缭绕，
也有淡雅的心跳。
一个平实而丰盈的盎然，
带着思绪弥漫。
依然犹闻的斋中暗香，
若即若离。
灵慧未枯，
今时将乘梦远去。

天上挂着交错的电线

丽日当空，
天际线和地平线纠缠，
一望无尽，
射向空气和阳光。

天上挂着的长线，
交织浓酽的细语，
生命流淌，
距离如此从容。

灵魂的境界

灵魂的境界越高,心想事成的能力越强,速度就会越快。
心想事成不仅是信心,更重要的是删除多余的欲望,用智慧实现。
速度不仅是专业水平,更重要的是脚踏实地、一点一滴。

时　间

相聚是在时间背后曾经有过的一种分离;情感是时间的一种隐喻;记忆是空旷时间的重生;酸甜苦辣是时间的一页一页收集;精神的呼吸是在时间的永恒中;思想太深也会产生时间的孤寂。
灵魂独步,只有在时间的路上去自制一份内心的慰藉。

昨天,今天,明天

人生因与果是密不可分的。
我坚信,今天取决于昨天,明天取决于今天,因为每个人的人生都是"自作自受"。
但有的人生也是命中注定的,无论怎样,首先要做好自己,一切再交给天定吧。

小　年

昨晚降至寒冬的雪,立春的风在梳理残留,早春二月的阳光开始灿烂修行,万物生灵成了春天的宠儿,面对寂寞的枯萎,微笑对春天说:领教了严冬,也不过如此。
春天问候大地,我问候春天,有缘相遇,存在就是幸福。

走近优雅 （献给中国人民大学优雅女子学堂）

一束清新的甜雨，
入味我的心膛，
没有重量却牵我心跳，
没有形状却激我动容，
没有景深我欲穿越。

我，犹如素装的情圣，
今天，却情愿换上优雅的盛装，
渴望甜雨亲吻我这沧桑的脸颊。

我独自走来，
身边却绿荫葱葱，
洒满路上的阳光，
通往优雅的心房。

我走近，
望着那株缀满粉红的奇葩，
我张不开意象和虚伪的问候，
触摸着优雅的芳香。

是啊，感人无须华贵，
灵魂拒绝虚伪，
动听的歌声不一定高亢，
优雅就是生命中美丽的歌唱。

说 醉

你喝醉过，我也曾醉过。
打开红色的干涩，与激情的体温勾兑，接受甘甜的洗礼，找到与自己灵魂对话的最快捷方式。
一杯杯空了，人醉了，心依然醒着，因为，内心是最大的容器。

我

这一刻，咖啡厅竟唯我独之。
这让我浮出了一个关于"我"的命题：一个人有两个"我"，
一个可视的我，一个隐含的我。
可视之我，可让人观见其言行及外像，这其实是"非我"之我；
隐含之我，是其精神与思想观念，这是"自我"之我。
二者合之，才为真"我"。
同理，观人也要察其"两我"。

偶 然

你分给来宾苹果，拿起的第一个苹果，一般都是递给离你最近、最顺手的那位，这一定是你最好的朋友和最喜欢的人吗？未必。
如果我们把苹果比成机会，这种机会不一定是必然，很多时候也是偶然。
所以说，如果你事事主动些、走近些，可能就会随时得到这种偶然，也即为必然。

期　盼

上帝赐予了生命盎然，同时也给予了许多期盼。
人生就是在期盼中活着。
人生阶段或生活的境遇不同，期盼也就不同。
当实现了这个期盼，也开始了下一个期盼。
当人没有了期盼，也就意味生命的停息。

成熟的追忆

成熟是青春的渴望，成熟后又开始追忆青春。
成熟的果实，会从枝头垂落；花败色陈，也是成熟。
人生从萌生中意愿成熟，总想匆匆告别稚嫩。
其实，成熟并不是形与色的光环，成熟只是对青春美好的珍重叮嘱。

"相知"说

有人说，相知是时间的积淀，
我说，相知是心的自燃。
时间固然是相知的阀门，但也会把美好的心感阻截。
我尊重理性，但我更热恋内心的火焰。
即便只是一下淡淡的撩动，也足以启引另一颗心的加速。
因为，心与心相连。
其实，相知恰是彼此的心感在傍晚小路的美丽"偷情"。

拥有宁馨

对于生活，我越来越清晰。
更多的时候，我想拥着宁馨。
淡雅的暗香，在我身边环绕，在我梦里驻留。
我的心灵沉潜在其中，被细细地漂染。
熙熙攘攘里的幽独疏影，让我停下脚步，感受阳光的触抚，找回丢失许久的风韵静谧。

北京，今天的春暖

把冬季积淀的梦想，酿成春天的种子，在心里，在肌体，播下春的莹灿。
于是，许久的冰霜，只成为遥远的回音，凝结成温暖的誓言，喷射出束束流彩。
此时，心中的热血如此透彻，我们不再用沙哑的嗓音，去朗诵生命。
有爱的路，叠着真诚的姿色，呼唤春天的歌声，品尝失而复得的春暖。

悟 书

有人读书，只为求学问的深知和字语记忆，常会被无垠的知识淹没，终使丧意"失身"；
有人读书，却能站立于书中之上，以特立的思考并结合自己的亲历去提升延伸，并通过自悟而形成一个超越书中的一个观点，融会贯通于自己的生活与工作中。
所以，读书的最高境界不是"读"，而是悟。

夜　色

夜色穿梭在心海的水面，
如画如诗点缀飘逸的姿态，
璀璨月光奏鸣紫罗兰的神曲，
深邃的黑眼睛浮出若梦的繁华。
让夜放逐，
漫游很远很远。

陌生的夜

我闯进了这个陌生的夜，
耸立的高楼在黑幕撩下的背景中，
投出了红白相间的狂欢夜，
天气是那么的寒冷。
无法唤醒夜晚的疲惫，
我只为内心的秩序而忙，
这是一种选择，
也是一种无奈。
我悄立窗前，
凝视这个陌生的夜，
刹那间，
寒风划过我苍苍的心扉。
让时钟快把这个夜带走吧，
我在等待下一个黎明。

大　地

大地有生命吗？我全然不晓，我却看到大地托着了万物生命，和句句用生命长出的灵性箴言。

大地有多厚？我也不知，我却看到大地的厚德载物，万物情愫的根都深深扎在大地的心窝。

大地有情吗？我不好回答，我看到了春的嫩蕾、夏的盛放、秋的硕果，即便是寒光纷纷谢落，大地也铺满了叠韵温情的金色赞美；但我也看到了，只要谁误了播种，大地给你的只能是片片荒土。

幻　思

人，有时真要给自己一个美丽的幻思，幻思只是一种愉情快乐的奇像，而并非现实。

幻思，是一个即来即逝的另类创意，有一个意料之外的神意故事。

我们的生活并不是以幻思为依托，但可在践行中用幻思添彩，让生活的间隙更富戏剧化。

为自己寄语

冬在渐渐飘散，春以另一种方式传递着雄心勃勃的憧憬。

情愫的新一年，比阳光更鲜亮，温暖了膨胀的大地，照亮了每一颗涌动的心。

松开过往的叹息，把曾经退成远景，重塑人生的掌纹，放言生命的意义。

只要学会快乐的行走，幸福定会触手可及。

理　想

年少时，理想照耀前路；成年后，我用理想抚慰内心。
今天，理想浇灌的足迹，早已过季，甜甜熟透的味道，写在沧桑的脸上和淡泊的心情。
无憾的目光，绽放在曾经的路上。
季节不老，我却老了。此时的凋萎比绽放更让我心动，再拥抱一次理想，或许难以选择过上怎样的生活，但我可以选择以怎样的方式生活。

法　则

世界存在着所有生存的相通有效性。
生命在一天天的行进，生存就是自我衍生的爱，秩序的法则不应该坚持无度的吞拥对方。
渴望有一天，世界消除了欲幻和失落，此时就是一种平等的放逐，就是人们在没有危殆的土地上自由生活的日子。

致青春

他们以青春的名义，用青春的活力和纯情的甜美咏歌，致青春。
我以苍郁的现实面对他们的亮丽，由衷地吟味感叹，致青春。
当青春被岁月漂白，激情只剩下缥缈的轮廓。峥嵘的年华，虽然激昂惊羡，其实也很短暂。
今天，我与中年蓦然相遇，含苞经年的花朵亦然会绽放，却不失最初的芳香。
今天，我亦然以青春的态度奔跑，让青春在回忆中升华。

寄给昨天的青春

开始，你坚信爱情，
冲动地从荷尔蒙中跃出了激情的脚步，
为冲刺美梦而不惜青春的奋身。
多少年后，
梦想随着爱情的落叶，
滑到了另一个季节，
苍然艰窘地呆面生活。
最后你终究明白了快乐与幸福之间的差异，
急切地把人生的追求寄出，
邮件：幸福，收件人：昨天的青春。

暮年放歌

敞开阳光亮丽的心态
追随时光舞动的节拍
放声高歌人生的豪迈
呈现神情惊艳的不败

出 发

每一天，我都在出发，心奔远方，不停息地奔跑。
远方到底有多远？远方到底有什么？
我全然不知。
不管怎样，只要有梦思，就是起点；
不管怎样，只要有希望，就有飞翔。
每一天，我都在出发，永不放弃，珍视远方，珍视我的心。

天地人

这个世界本来只有天和地,后来物演进化有了人,人站在地上但离天太远。

天是什么?人不可知,却想知,索性在人与天之间造了个"神",想借助神靠近天,了解未知。

长此以往,人敬畏地把"神"拜于"圣灵",奉之于形而上。

神从此能超越天地之气,紧箍了人的自我独立思想,无形地屹立于人之上。

奉 禅

用"意净"喂饱饥饿的灵魂,用"敬畏"滴淌苍白的心脏,

用"雅量"平盈恐慌的脉动,用"功德"抚顺乱离的肌体。

用"佛心"去"觉悟"自知者明,"知人者智,禅者能悟,悟后生禅"。

奉禅语,悟我身心灵。

写给老人合唱团

也许,你感受不到他们此时某种带有生命感的寄托;

也许,你体会不到他们每个人面对暮老的无奈;

也许,你理解不到他们对青春的惜恋和追寻。

此时,他们这种诚然的倩态,也许是在找寻青春曾未实现的梦,或许也是打发孤寂的精神陪伴。

也许,不,是一定,每个人都会老去,那时的你,就会有别样的深深地感受,而去现实地面对你的那时。

其实,我们都走在老去的路上,怎么行走,这是你的选择。

大家一起"聊"起来
——创意课有感

游离的姿势，惬意的心绪，
亲密纷飞，饮着细风甜雨。
空气里，流动着立方体，
我和你，我们大家一起。

撕碎美丽的面具，奔赴头脑风暴中去，
从星空，心灵不断地延续。
思维的节奏，在重击尘封的禁区，
辗转路标缩短了上岸的距离。

"聊"是没有形状的，是天际衍生的。
果实芬芳满地，
用交换装订彼此的关系。
水面上，那不熄的篝火，我们将继续邮寄。

层次效应

不同种类的鱼，生活在水的不同深度，吃的东西不一样，它们都是在各得其所，各得其乐。
人也是这样，生活在不同的层次空间，用不着羡慕别人在做什么，只要在你的这个层次，做对你最合适的就行了，这样才会成为一个快乐的自己。

欲　望

人或多或少难免有欲望，都在竭尽心力地追求，却往往忽略了前方有险路。

任何欲望的周围，断断续续横亘在前面的险境是不可避免的，并随着你离欲望越近，险境也会越大。

若不在欲望渐近中及时察觉出，那危险必在旦夕之间。

切记，抵御危险的恐惧远比得到欲望的满足要大百倍。

留住孤独给自己

孤独是一种境界。

孤独代替了我的生命位置，储蓄自己的才智和学问；

孤独为我的思想梳理，在静寂中剔除浮躁的东西；

孤独是我无言的思念，用温柔抚慰自己那颗炽烈的心。

孤独是淡然和从容，孤独是宁静和自信，孤独是储备和积累，孤独是无悔的爱和投入。

无论何时，我留住了孤独给自己。

真　诚

每一个人心里都是一座秘密而又纯真的房子，房门的锁是由自己的期冀来定制，开启房门锁的钥匙往往存放在对方的真诚中。

诗意人生

（一）

几时桃花娇媚盛开，转眼花色残败。

一个春天远逝，无数个春天还会到来，桃花将亦然吐蕾释怀。

人生不会再重来，心灵枯涸，生命就显苍白，虽然活着，人生不会绽盛颜开。

（二）

人生犹如一场寂寥而又神态的魔术，我们时而在孤独地表演着自己，却又不解地猜测着别人的表演。明知都不真实，依然要活色生香地演下去，亦然违心地为他人的表演热烈鼓掌。

诚然，要想崇高的活着，就是踏着荒唐而又神奇的路不朽地前行，让自己内心的冲动把自己感动得热泪盈眶。

（三）

一个个弥散在人生情感空间的承诺，遍满世间，如缕缕清风，是那么的惬意，却又是那么的无形。其实，真正的承诺是一种内心的真诚外化成沉默的一个没有承诺的承诺，是那么的大言稀声。

有真情无须承诺，一旦需要承诺，也就缺失了真诚。

（四）

在人生的旅途中，寄托之光一直在前方闪现，是那么的切近而又遥远。没错，生命就是在这平淡而迷惘的追求、期盼和寄托中，渐渐变得丰盈而充实起来。

让心灵在无声的体味寄托中，得到丰厚的馈赠，让生命感受到一种沉静的迷醉和潜滋的精彩。

智慧与生活

生活是一种比人的思维更为广阔的存在。

所以,我们不可能用自己的主观思维去征服和矫正生活。

智慧只是一种谋生的工具,在解决生活中重大问题时,最佳工具并不是智慧,而是沉默。

智慧不是生活的主人,而是生活的仆人。

"光棍节"

不知从何时出了个光棍节,今天正是。这让我想起了张爱玲的一句话(大意):"无论你以前走得有多么艰难,爱会让你继续向前。"

在我看来,爱是人生美丽多样的花,绽放在不同的季节里。

其实,今天的孤单,是真诚的等待;今天的自宅,是思恋的期念;今天的独处,是成长的积淀;今天的沉寂,是盛开的孕育。

我说奢侈

奢侈是什么,在我看来,奢侈并不是别墅豪宅、大牌服饰、拉风名车,这些,只要有钱就会轻易拥有;对人生命本身而言,奢侈,是不能用金钱交换拥有的,而是用心境、时间、品位、健康、快乐去享用感受的。

生活中的奢侈,只能享有,不能拥有。

空　间

空间，不是最极致的掩饰，更不是纯粹的人文统治。
空间一旦具有了单一唯美的意图和设计强权，定会丧失空间的道与理。
如果设计只为形式美，也只能是不具空间情性感受的口红。
在空间中，一定要有空间感受的主题思索，这样将会体现出源与位的空间关系，彰显"空间"意域之极美。

感　觉

"感觉"是心的一种作用，和心灵的关系密切。
任何感觉，都会产生特定的心理活动，反之，特定的心理活动，也会产生相应的感受。
环境和人都会直接引发"感受"，如果你爱一个人，那你就应尊重自己和对方的两种感受。"感觉"不但是接受，还有给予。
我突有一种企盼的感觉！
感觉是什么？
想来，感觉是思想的轻吻、是境界的拥抱、是情感的牵手、是心的呼吸、是灵魂的面孔。
感觉，有时即来即去；有时驱而不离；有时有感无觉；有时有觉无感。珍惜无法触及却绕你随行的感觉吧，有它在，生命才闪光绽放，有它在，内心尽颜光彩。
感觉，我们的灵慧征兆。

密谋人生

目　标

人生的成功，不一定完全是规划而来的。

有时候盲目无限度的规划，会增加你的痛苦和压力。

为什么当下人痛苦感、压力感那么强，因为你的目标感太强了。

其实人的目标在你心中应该是扩散的，如你把目标打散，并融化于全过程中，你就会轻松地走向实现。

目标使我们关注工作成果，成功的尺度不是做了多少工作，而是做出了多少成果。

没有长期的目标，你也许就会被短期的种种挫折所击倒。没有短期的目标，你也许就会被长期的不断煎熬所烦恼。

努　力

我们常讲，努力学习，努力工作。想成功必须努力，那什么是"努力"？

当你知晓"敬"与"尽"的"突出"，你就明白了"努力"。

努力不是一般意义上的使力，而是超常的突出。

努力首先要突出敬事，然后要突出尽力。只有这样，努力才是成功的前提和保证。

快乐做事

对于我们每一个人来说，最真实意义上的成功就是——做自己想做的事，让一生过得充实而快乐。这样的人就是一个伟人！

"度"

"度"是一个界限,也是一个原则,"度"是阴与阳对立中的统一,是衡之道。

生活中,人凡事都要讲度,不可无度,也不可过度。人要适度,否则非但达不到应有的目的,甚至适得其反。正如一味药,适度能治病,无度没作用,过度就是毒。

我们无论面对何人、何事,首先要识"度",然后再适"度"。

时代的成功者

在这个变异多端的速度时代,只能做或只会做一件事的人,即便目前取得了一些专业成绩,也根本称不上成功者。即使你再用心再下苦功,也难以成功,迟早会被时代淘汰。

因为,这个时代的成功者,一定属于那些跨界、融合和边缘的人。

面 具

在这个人人都戴有面具的社会中,人难得摘下面具做一回自己;也难得不计诸多去展现自我的内心。

其实,面具太多的人很累,没有面具的人也太傻。只有择时而戴,择时而摘,才有张弛。

我渴望,不戴面具地生活,只有在那些无须戴面具的知己面前,让自己的内心释然,享受真实而又简单的快乐。

人性框架

（一）

和朋友交谈，说到人性的通病，认为是贪财好色。

我认为人性的通行天性是：嫌贫爱富、攀龙附凤；当穷困潦倒、失意时巴结投靠别人，当有所温饱、得意后就远走高飞，甚至盛气凌人，即便是你最爱的或最爱你的人，也无一例外，可谓人情冷暖，世态炎凉。

所以，对人情而言，雪中送炭是挚友，锦上添花只是往来。

（二）

这个世界人人都在忙。有为名忙，有为钱忙，有为权忙，有为情忙，等等。

无论怎么忙，为何忙，简而言之，不是忙着想活，就是忙着去死。

（三）

人每过一天就往死亡走近一天，所谓的"出生入死"就是此意。

即便如此，人生何苦去拒绝平淡，又何苦去承受超越自己能量的负重。做好自己得心应手的事，这才是快乐之事。否则，即使你有钱、有权、有名也是熬心煎神、终日不安的，你所认为的其中有乐，也必定是一种不堪一击的"伪快乐"。

（四）

如何赢得他（她）人？如果你知晓人有自私心、虚荣心、惰性心、妒忌心，那你就懂得该怎样去待人了。

对别人的自私，那你就让他（她）占个小便宜；对别人的虚荣，那你就多赞美他（她）；对别人的惰性，那你就多干点；对别人的妒忌心，那你就不要过分的露富显势，另外你也应尽量压缩自己的"四心"。

（五）

人无论每一次的成功或失败，都含着与其相对立的陷阱或拐点。

可能你看似成功的一步，一定又自设下一个不幸的陷阱在等着你；可能你遭遇了失败，想过没有，你人生中的拐点又将出现。人生的坚持和放弃都是改变。

（六）

当一个人看透了对方的缺点，还依然真诚、用心和他（她）交往，对同性来讲，这叫朋友；对异性来讲这叫爱情。当一个人没看清对方，却扒肝掏心和他（她）交往，这叫"弱智"。

（七）

有时害你的人并非是你不喜欢的那个人，可能就是与你来往最近的那个人，因为你被"朋友"了解得太多了。

切记，不要轻易相信任何人，但你要真诚待人；不要在无知人面前谈你的知识，不要在贫穷人面前谈你的富有。

要时刻提醒自己，我没有对方聪明。这样被周围人逊毙的概率可能就会降低。

（八）

人际交往的实质就是利益交换，但个人利益的单向取值并不是利益所有，因为这是一个讲究共赢的社会。

当你欲想取得对方利益的同时，你首先要想到，你能给予对方什么？而这个给予是否是对方的有效需求？否则，就会出现价值的不对称，往往这样的结果，一定不会长久或你根本得不到什么，甚至还会损害了自己。

（九）

一个人的社会成熟化程度高与低，是以个人"粉饰度"高与低为标志。"粉饰度"高的人有较强的抑制力，对人对事会不显声带色有掩饰性；"粉饰度"低的人承受力不足，对人对事会风生水起外露情绪。

以性别区分，女性的"粉饰度"普遍高于男性。

角色与境界

我们都在生活工作中出演角色，在角色类型中被自己或别人划分：第一类人，手中无剑心中也无剑；第二类人，手中有剑但心中无剑；第三类人，手中无剑却心中有剑；第四类人，又回归于第一类人，即手中无剑心中无剑，但这完全区别于第一类人，却高于前三类人，这才是人的最高境界。

工　作

工作是一个人价值的体现，干好的工作和把工作干好，是一个工作人所期待的。

好工作带有机会和运气，而把工作干好，则是一种自我掌控。

工作不能不干，盲干会吃错，实干会吃亏，巧干才吃劲。巧干即是有思考和懂得对方的有效需求，并懂得重要的事比急事更重要。

机　会

有人说，机会是争来的；我说，机会是等来的。争机会，让人心燥气短，反而会失去机会；等机会，不是怠慢懈散，是以心平显气和，是以人品通人脉。

相信，机会不一定会给有实力的人，但一定会给有好人品加有文化力的人。

冷眼看成功

（一）

当今社会崇尚成功，渲染成功，成功似乎成了这个社会的主流价值观。成功像裹着璀耀糖衣的吗啡，让人吸吮上瘾，神经麻痹，孤注一掷，肆无忌惮，自怨不堪。

想来，成功到底有何标准？难道成功就是美好人生的必备条件吗？所以说，我们千万不要让属于人们千分之一概率的成功阻隔了你发现身边自有的美好。

（二）

人们都想成功，成功的路上将会太拥挤。所以上帝在人生路上设置了许许多多、林林总总的错误，让人们去触犯，阻碍了我们成功的可能，否则成功的路上早已人满为患。

（三）

千万别把成功当回事，太急于成功，上帝会把急功近利的错误抛给你。其实，成功是确定目标后坚持不懈的意外。

（四）

我们都在追求成功，真正的成功永远是心灵的充实，是外部世界生活与内部世界生活的协调。

有人把官位或金钱视为成功，其实，官位和金钱都是人生一个过程手段，绝不是人生目的。否则，官位和金钱就是你人生的一个闪光的金笼子，让你拥有的同时，也让你内心孤独。

还是学会自己协调好内心与外部世界的关系吧。

（五）

有时无聊也是一种放松。人生不可能天天充实和伟大，当然，人也不可能无聊一辈子。

不要去盲目崇拜什么名人格言，名人并不知你的自身条件和境遇，又怎能去指导你？再说了，前人的成功是不可复制的。

每个人的成功都是别样的精彩。

人　脉

一个人的成功，首先是人脉中的贵人相助，再加上你的努力。

一个人有多少特长，就有多少类人脉圈。一个人在不同的时期应有不同的爱好，从而不断增加你的人脉范围。

我们常说的"马到成功"，并非常识的"立即成功"，应释为：骑在马上（借助于人脉与平台）才能成功。

性格决定命运

性格是一个人对现实、习惯的态度和行为方式特征。好性格是一个人命运的支架，它会支撑着命运的上升。

在社会中，一个人的性格有时比能力还重要，如果你能力不足，可以学习提高，而一个人的性格缺陷，却无法在一定时间内弥补。

一个人在职业选择上，一定要以适合自己性格的工作为适宜。

阅历和经历

受用的不是别人的经验，而是自己的阅历和经历。所有成功经验只能成为课堂上的教学案例，并不是你可以复制的。如果在别人身上要吸取什么，那一定是失败的教训。

人求发展，必须是遵循自我的框架和智能条件去施展。因为每个人的生活都是独一无二的，每次成功也是别样的。

一棵树不可能有两片相同的叶子。

较 量

其实，人与人之间并非是智慧与智慧的较量，也不是心与心的较量，而是自己与自己的较量。

一个人，征服别人并不伟大，而征服自己才是伟大。

有时，在自我生活中，不是我们自己不足，而是周围人比自己更好，如我们不和周围人攀比，我们一定是快乐幸福的。

选 择

人生就像一道选择题，从长大的那一刻起，我们就开始不断地做着选择。

人生答卷上的选择太多，只要真实、用心、智慧地做出选择，按照你选择的路线前行，才是学习、事业、生活、爱情成功的保证。当然，选择的前提是放弃，学会放弃也是一种人生的智慧。

男人忙于选择：选择地位、金钱、学历；选择女人的美貌、身材、白嫩。

男人每天都在梦寐和期待选择，周而复始地在选择中失去，又乐此不疲地在失去中选择，选择已成为男人熬神累身的镇痛剂。

其实，这种选择是无力、空虚的，如果你心满自信、心存淡然及身怀能量，还需要那些无味的选择吗？

潜 能

每个人都有未被挖掘的内在潜能，正常人的潜能只被挖掘百分之十，还有百分之九十未被挖掘，只要相信自己，有信念，就会有奇迹。

成功者的信念是：任何事情都没有绝对的不可能；只为成功找方法，不为失败找理由；任何困难都是一种机遇；我行，我是独一无二的。

幸福究竟是什么？

小时候，幸福是个东西，你得到了就幸福；长大了，幸福是个目标，达到了就幸福；成熟了，幸福是个心态，领悟了就幸福。

其实幸福就在每个人的身边，只要你抓住了就会幸福。

当然，幸福离中产阶级最近，富足和赤贫都会缺少幸福感。

生 活

（一）

生命是一种体验。只有体验，生活才属于自己。

无论曾经是对是错，我们没必要去刻意地懊悔和不悦，也没必要刻意去学习什么或改变什么，只要解开对自己的那些束缚，把生活放在自己活着的内容里去完善自己，体验生命中自己独特的那种美。因为上帝给予了我们足够的时间和许多新的开始。

（二）

生活是由滋味灌装的，而滋味是由"交替"编织的。

生活的滋味：是快乐与痛苦的交替；是成功与失败的交替；是爱与恨的交替；是得与失的交替；是忙与闲的交替；是学与用的交替；是呼与吸的交替；是季候的交替；是白天与黑夜的交替。

人生不可能不经历交替，当我们面对交替时，应该明白这就是生活的滋味。

（三）

没有人生活在过去，也没有人生活在未来，当下是生命唯一的形态。过去，是记忆的轨迹，当记起过去时，就是重新启动了一个记忆的当下。

未来是一个想象的轨迹，是一个储存在心智里的前任当下。

当未来到临的时候，它又是一个当下。当想到未来时，是在当下所想的。

所以，我们永远活在当下。

说 话

说话要有艺术性，否则，真话也不动听、不待见。
说话时应考虑到对方的承受度，千万别以自己是好心为意义点，或不了解问题的实际，不顾别人的感受，很自我地说出。这样，不但没让别人心悦地接受或思量参考，反而引起反感或不悦，甚至对立。
想来，说话不仅要有艺术性，说话更需一种共情的智慧。

问 题

我们每天都在面临问题与解决问题之中。
聪颖慧根的人是发现内在问题；盲人摸象的人是看外在表象。
我们大多数人没有弄清什么是真正问题，往往把所见闻的表象症状视为问题。
其实，真正的问题是现象背后所看不到的。我们只有通过现象去层层透视，才会发现问题，从而解决。发现问题如同引线穿针，要透。

勇 气

说到勇气，人们总会联想到强大，可谁能想到软弱？其实，软弱是最需要勇气的。
在这个事情繁琐、复杂的社会里，让我们不厌其烦的软弱吧，去溶入坚硬之间，使之游刃有余。
事实上，一个人真正的成长就是意味着懂得自己的渺小，更深刻地意识到自己的无能。所以，软弱和谦逊同义，是一种心灵的开放。
大家常以"勇敢"为立言，往往凡事勇敢者先亡；凡得利者，往往以示弱为先。
现实中，好勇、强悍者会败于"柔弱"，有勇气持守"柔弱"者是大智。真正内勇者，会显外柔，凡内弱者，常表外刚。
常言道，水滴石穿，石不阻水。

智 慧

人人都渴望自己有智慧，但却只在注视"智"，却很少有人去关注"慧"。
慧是一个人的内涵，智是慧的外在表征。如果一个人内在无"慧"，那所表现的"智"是浅平的，如果这样，还不如索性无"智"。
人啊，有慧"无智"，才是大智大慧。

做时间的情人

生命始终伴随着自我意识的不断增长，当这种意识从自在状态上升到自为状态时，自我就能感受和体味到生命本身的苦与乐。
空间流离，时间无情，旅人虚无，生命的境界在现实中应当更加深刻，用自己理想的底色去衬映，做空间的守望者，做时间的情人，让个体脆弱的生命，寄予信念和热恋的美好。

小缺点

平时和朋友在一起，并非要表现得比别人优秀。
如果因自己的存在，能衬托别人的优秀，这样就会赢得认可和具有凝聚。
所以，平时在朋友面前显露些小缺点，反而是件好事。

感 恩

我们因太爱自己，在为人处世中，常会忘却了大局，忘记了身边人对你的相助、相爱，常会考虑自己过细、过多、过高。
我们要学会忘了自己，真正善爱自身的人，是有感恩之心，是以自身化及天下，别人才可将大事重任托付于你，才会得到帮助，才会拥有真爱。

自卑感

人人都有某些方面的自卑感。自卑有时让人在交往中谦顺和不争，在工作上严谨和细微。但凡自卑者大都具有内在的致弱和敏感，自卑有时能误事，但有时也能成事。

反 思

反思，不是思考以前做过什么，而是要思考以前没做过什么。其实，反思本身招不了魂，坚定去做才是最好的自救方法。

理 解

理解是生活的核心，理解不是"存在如何理解"，而是"理解如何存在"。理解是一种人生态度，正如海德格尔所言，"每个人的现实的生存方式，实际上就已经表达出他（她）对于生活和人生意义的理解"。理解不是简单地接受，即使亲人、爱人、好友，也不可能百分之百地理解，相互之间都会保留一些不理解的空间。

明 天

人生中，只要我们具备了一个健全的人格和有一个明确的意义，即便今天坎坷多多，事业有阻，感情不畅，同样能够获得人生的很多快乐。再多的坎坷对明天而言只是过去，因为人生中，今天只是一个时间观念的产物，人生的意义在于指向明天。

和策划发生关系

策划人箴言

我们的内功，是在宽广无垠中，修造自我特立的深孤独；
我们的自信，来源于在不断的拍击中，自由地闲庭信步；
我们的思维，是在常规的经验习惯中，去做反向的另类；
我们的创意，是在完整的生成中，去延伸升华达意的概念；
我们的创新，是在共识的格局中，融合崭新的意料之外。

文化艺术策划

（一）
我国文化产业大发展，使"文化艺术策划"成为一种新型的知识经济资本。只有拥有扎实的知识资本与文化资本的策划人，才有可能是重要的资产。
文化艺术策划不是产业"秀"，也不是以过去的成功为法则，它的美学手段是运用专业能力生动地解决鲜活的问题，这才是面对未来发展的专业态度。
（二）
从策划特点上讲，策划是一种程序过程，是针对未来要发生的事情，作当前的决策。所以说，策划像是一个"调情"过程和"恋爱"结果。首先用别样的传播方式让对方"认识你"，再以自在独特价值以及感受让对方"喜欢你"，然后以内在细微的关怀和对方的有效需求，让对方在依赖中"爱上你"。

企业创新底线

企业发展，创新是其之一，但创新要有明确底线，否则会带来风险。
创新底线包括：（1）大环境底线，即法律、法规等；（2）小环境底线，即企业形象、业绩额、客户满意度；（3）内容底线，即投资和时间比较；（4）人脉底线，即看对项目支持人脉的能力；（5）破坏性底线，即对原来的破坏程度。

品　牌

（一）

品牌价值建设离不开营销、包装宣传和管理，但最重要的还是品牌内涵。营销、包装宣传和管理是方法，而内涵是品牌价值的根和魂。

好品牌一定是差异性和具有系统工作的一致性，始终要做到"我就是我"。

在进行一个项目时，只有先挖掘品牌内涵及项目主题，后续一切工作才能准确有效。

（二）

引领并非靠外力，引领最重要的是一种思维方式。不要用外力参与竞争，有内力才正合奇胜。

这个世界的路很多，人走多了就无路可走。大家都往东拼死拼活地奔跑，你停下往西调头就是第一。

品牌策划就是在多维世界中，用心找到其中的那一维去审视思虑，并用准确、简约的方式去表达。

角度有时大于高度。

（三）

一个品牌的活力，首先要从时代和社会的符号、文化、潮流及趋势中去与本企业相连；从当下消费者的全面体验中去寻找新途径，吸引潜在群；从本企业方针、态势、运营和竞争中重新思考判断市场空间；从自身文化价值、历史得失、营销手段中平衡定位，打造新格局，策划新方略。

文化战略

这个时代，文化选择的多样化和个体文化保护的多样性之间存在矛盾，面对这种矛盾，我们应以个体文化为重点，同时对文化选择应积极地接受。有时，我们对传统文化的"真实存在"是一种错觉，因为文化从本质上讲都是能够变化的。所以说，我们应从"中国传统文化"转向以"民族文化"为核心的文化战略发展。

项目策划

（一）

项目策划：（1）并非单纯以内容为王，而是以商业模式为王；（2）并非越复杂越好，而是越准确越好；（3）成功的项目是借他人的头脑，用他人的资金；（4）策划绝不止是策划书的完美，而是把项目推销出去；（5）首先要考虑对方利益，其次才是追求自己利益最大化；（6）要考虑资源关系的真实对应；（7）汇报学也很重要。

（二）

（1）策划没有固定模式，不受任何思维定式的束缚，成功的项目策划是差异和陌生；（2）项目策划首先不是解决问题，而是界定问题，找出主题，纲举目张；（3）项目策划是在"现实"目标与"资源"环境中寻求连接的过程；（4）量力而行，朴实比虚假好，跨界比整合好，有时小比大好。

（三）

在项目营销策划中，（1）首先不是制订营销策略，而是要确定营销目标；（2）目标不是概念，而是量化，以及依据长期目标中的短期目标构成；（3）不是想什么创意，而是通过收集信息要明白达到什么目的；（4）不是包揽市场，而是细分市场；（5）策略不是单一手段，而是多种方法。

（四）

商业模式容易失败的原因：（1）当"抢"客户的钱和愚弄客户时；（2）当自认为以前曾成功很"牛"时；（3）当以大规模为原则，盲目扩张时；（4）当以纯广告投入为手段时；（5）当忘掉合作伙伴时；（6）当模式不随时调整一成不变时；（7）当不明确大环境时。

对商业模式而言，乔布斯有句名言："保持饥饿，保持愚蠢"。

（五）

（1）项目策划的关键点，是策划一个能成为"第一"的新领域，成为第一人胜过做得更好。（2）延伸原有的品牌名称的品类项目与市场现已有的同类相比，几乎不太可能成为一个利润丰富的大品牌。（3）品牌必然是首先进入潜在客户心智。（4）对项目品牌而言，能做第一人，不做第一名。

（六）

项目营销中，并不存在客观现实性，也不存在事实，更不存在最好的项目。

存在的是受众(或潜在)心智中的认知,只有这种认知才是事实,其他都是幻觉。受众对项目的认知,是依据他人的认知来做认知决定,而不是自己封闭认知。所以说,项目营销策划的重点要在受众认知上下工夫。

(七)

项目策划是心智和认知的决策。一个项目要取得成功,首先要做三项牺牲:(1)项目线,即对项目的自我执行长度。每个项目各部分应让专业人员去做。(2)目标市场线,目标市场不等于能取得的市场,所以,想一网打尽却恰恰相反。(3)定位线,试图不断变化和追随流行的,将注定淘汰出局。

(八)

项目策划的最高境界,不是表现在内容创意方面,而是体现在对项目的选择与认知,以及对"收官"结局的判断。我认为,选择一个好的项目,要比把一个项目做好更重要。

(九)

成功的项目策划秘诀,是打造独一无二的、具有自己特点和属性的、以专门方式发展的商业模式,不是挑战或仿效已成熟项目。大量事实证明:引领新商业模式的不是现存的成熟项目,而是新生项目;但凡成功的项目,不是模式游戏玩得比别人更好,而是因为玩不同的模式游戏。

(十)

任何一个项目都离不开管理模式、资本模式和商业模式,而商业模式才是项目的市场竞争核心及价值逻辑。文化艺术项目的首要点不是内容创意,而是商业模式创建:价值主张,精准定位,隐性精神需求,黏性的收入持续,增长潜力,成本革命,自己可复制扩张,掌控核心资源,他人不可复制,价值链的延伸与重组。

(十一)

策划管理者在项目中的角色:(1)组织确定团队,对其人员进行正、负面的有效评价和置用;(2)对团队提出问题及对创意方案进行判断决策;(3)对项目进行风险分析,共同制订降低风险策略;(4)任何项目在未获得成功前都不具备价值,应做好项目中各步骤的演示工作;(5)负责对项目各部分工作的有效移交和检查。

思维模式

人与社会的发展进步,并非完全归属体制和文化等客观因素,而思维模式是根源。思维模式虽是环境和文化造成的,但一旦形成思维定势,思维模式就与环境和文化关系不怎么大了,反而又主导着文化的走向。我们国人多在形象思维范畴中行走,使之概念混乱、模糊、依感觉、重具象知觉,缺失抽象思维的严谨性和逻辑求证。

企业发展

企业(或产品)的发展阶段是培养期、发展期、成熟期、下落期。企业(或产品)一旦趋于成熟时,意味着模式的形成,同时模式也具有固化,接下来所带来的就是抛物线中的下滑部分。

企业欲求再发展,必须在企业(或产品)第一个抛物峰值到来时,重起第二条抛物线。正如"自己不打倒自己,必被市场打倒"。

商业性

人类一切行为过程,都带有显性或隐性、有形或无形的"商业性",无论是精神的还是物质的、崇高的还是朴实的。

商业,其核心目的就是交换;而交换的成败,源于所提供给对方的价值本身;其价值大小,取决于是否给予对方的有效需求;对方的需求,来源于我们对信息的收集和判断。

逆向思维说

有人渴望成熟,有人标榜成熟,有人赞颂成熟。从创新意义上讲,成熟就是模式,成熟后就不再发展,成熟后便会腐烂。与其这样,宁可选择不成熟。

大型活动创意反思

对我国相关大型文化活动创意的反思:创意是减法,而不是加法;是把复杂变简单,而不是把简单弄复杂;是自由轻松,而不是戒律与盛大;是人性真切,而不是假大空;是情理中的巧妙,而不是极致性的超越;是以小见大,而不是大气磅礴;是平实与诙谐,而不是高深莫测;是智慧的表现,而不是技巧的表演。

文案创作

在策划过程中,文案是一个重要环节。把策划思想落在纸面,表达清晰,是文案的基本要求。所以说,文案写作过程本身就是一个策划中的再创意环节。虽然策划文案没有唯一的规则,但却有标准,就是把意图在表达准确的前提下,要求讲具体、讲明确、讲生动,文中有分析、有说明、有量化、有描述、有评估等。

艺术游戏

艺 术

在艺术领域中,具有创造力的人,往往不一定是这个领域知道最多的人。

因为,艺术不是丰富,而是变革;艺术不是惟妙惟肖,而是自由灵动;艺术不是完美,而是差异和陌生;艺术不是气象,而是气质;艺术不是教育,而是心智娱情;艺术不是深刻,而是自觉;艺术不是努力,而是天才。

艺术空间

在我们的生活文化里,很难找到与思想同步的艺术空间,难以记忆自我的灵魂体验。

艺术空间,在青春的旷野中风歌,以一种情境式妖娆的空间私有化,缔造了一个新的时尚符号,重塑了后现代主义式个人风格的人文美学。作为青春文化阶级,你首先应走进自己独立的艺术空间,吸吮大量的卓越思想氧气。

艺术就是游戏

艺术就是游戏,生存也是游戏。艺术与生存是无境的非愿和无尽的未知。无数次的往来,都是在寻觅定位,在有限与无限之间去奔忙,在有序与无序之中挣扎。

无论结局如何,终脱不开那个艺术游戏的诱致。

青花瓷乐坊

天资质丽的青年女子演奏家，用她们手中釉下彩瓷特制的民族乐器和她们像瓷一样透彻纯净的动感呈现，演绎了中国文化的国色芳华，宛然洗尽铅华的美人飘逸，桃色妖娆，清新流畅，瓷音撩拨间可见古韵淙淙，时尚清脆。

致画展"牡丹亭"

艺术自有艺术的旅程，古典与现代，在时间的断面上开始相拥行走，牵手的瞬间天地辉煌。

"牡丹亭"，杜丽娘幽情的潜入现代之中，至情弘贯，迤逦而来，羽阳萌动时尚的体温，现代女孩载着缠绵秾丽，向历史致颂。

"牡丹亭"为了艺术的属性，在唯美的季候里漂染画家的想象。

他用生命谱写　我用心聆听　（给音乐人金培达）

反复听他的音乐，时空交织而又幻梦般的混响，慢慢使我耸立于天籁那边，去寻踪自我心灵那份久远的崇高。

我站在窗前，

被击碎的夕阳，屑片般洒落在我的眸中，激起一帘静谧的透彻。

此刻，书房中的音乐在与夕阳每一束橘色的耀斑含情吟语，轻盈地向上飘移，融集一体，让我仰望。

是音乐揉碎了夕阳，还是夕阳动情于音乐？或是我诚然在神境的当下？

全然不知……

仿佛，这个世界都碎了，又破茧化蝶，飞入世界最深的心灵里。

水墨生命

你在离我不远的舞台，
却惊诧了天空中那朵朵飘逸的云彩。
透过人性的厚重和生命的透彻，
我看见你千姿百态的娇媚，
向我舞奔而来，
叩响我心灵的绝唱。

这是一个奇迹 （致现代舞《水墨》）

不是传统与现代的冲突，
在这里，是极美而共情的融合；
不是黑与白的决裂，
在这里，是阴阳哲学的昭示；
不是水与墨的堆砌，
在这里，是肢体挥洒的灵道大气。
这是一个奇迹，
一个对人性思考与生命真谛探索的奇迹；
一个文化表征的奇迹。
让我们用情态的能量和雷动的掌声，
欢呼这个奇迹吧！

艺术创新

艺术的创新，不仅仅是形态与形式的表征语言，更重要的是，艺术家从灵魂深处挖掘的尚未开启的艺术象征和心灵话语。

绘画表现

绘画不是真实的再现客观,而是真实地表现画家心中的理想美。这种真实感是画家的自然流露,并非画家在绘画过程中所能直接看到的。

艺术创作

在艺术创作中,艺术家个人的生活临境也是其创作的"客观理由"。艺术家的艺术创造力,首先来源于艺术家个人独特的内在意志、生活价值观和美学判断力。

向"国色"致敬! （献给现代舞《国色》）

"国色"以中国文化为主题,以阴阳为符号表征,以现代舞形式诠释,将哲学思想通过现代的舞蹈语汇,"书写"在舞台间,大有呈灵显道之宏势,舞洒人性之透美。

"国色",以心灵重生的激情,放逐在那流动的色彩中,演绎着传统文化邂逅时代表现的艺术精彩,呼吸着精神回归的记忆。

"国色",透过人性的情态和爱恨的透彻,吟唱心灵的赞歌,让我们看到生命千姿的娇媚,使沉睡的思想和封存的情感最终融化在"国色"芬芳的时节,把我们燎燃得如此动情。

"国色",是文化与新唯美的融合,是艺术美学之大气。

"国色",是一个探索,一个对人性思考与生命真谛的探索;一个文化表征的探索。

让我们用共鸣的能量和雷动的掌声,欢呼这个探索吧!

让我们举起真诚的瞬间,向"国色"致敬!

我国画家推广现状之我见

（1）艺术市场乱象，无市场培养意识；（2）画家的自我炒作无度，毫无宣传品质和品牌意识；（3）宣传推广方式单一、模式化、无创意，忽略延伸性；（4）画家及作品包装无定位、分析和概念；（5）在画家作品推广中，评论成了推广主体，策展成了价值核心，缺失品牌价值和营销模式及包装推广专业性策划。

话剧《志丕》观感

"急功近利"早产了"抑郁"和"狂想"。
这对"怪婴"开始了疯癫的痼症，
反而在认领抱养我们每个成年人，
让我们难以推弃去接受，
并吸吮这对"怪婴"巨大乳房的"甜美"毒汁，
恍惚地开始了可怜而又可悲甚至可笑的生活形变，
并在这种状貌下"快乐"的存在。

浅析我国画家推广现状

我国艺术营销市场无序，呈现出：
画家自我操作，分心分力"上蹿下跳"；
艺评人兼任，忽略品牌营销策略和目标管理；
藏家介入，缺少耐性和立体运作力。
使之存有，
失却营销理念和品牌定位；
无策划性的规模化和模式化；
推广的单一性，视艺评、展览、画册为营销终端，无延展。

成熟与偏见

经验思维是在有了专业知识后形成的。艺术作品的"成熟",同时也在衰减一个画家的发展才智。

画家为了艺术创作的"成熟"在努力,这种努力只是勤奋,只是锤炼自己熟悉的技术语言,且没有真正地意识到艺术的超越性、原创性和意识性的真正含义。

所以说,艺术家的"成熟",同时也拥有了习惯性的"偏见"。

艺术语言的源质

当艺术家的品位经过心智的历程后,所呈献的就是——心境赋予的崭新艺术语言。

艺术的价值就是要引起我们对潜伏在身边万物之中的发现本能,以艺术家对小生活的大情绪结构和心理状态及深刻的美学语境,架构出表达准确和视觉差异的艺术语汇。

和 谐

面对偌大的万物生灵,艺术家已习惯于对自然的整观,却忘记了以"大我"的真感传达和用"另类"的思想解读。从局部开始是现代艺术思潮的一种涌动,把整体观察的习惯概念,用后现代的解构去重新"谐调",以达到和而不同、推陈出新之新观,这就是新艺术观的审美取向,唤起人们的重新思考和认识。

在自然中,以独我的"天眼"去吟歌心中的"道",从心里出发,又回归到心里,从分解中去摘取崭新的组合重生,让自然之美与和谐之美同存,让艺术创新这一惊艳的流彩去种下另一个生命。

生活不是艺术

生活不是艺术，艺术也代替不了生活。艺术是艺术家知（认知）、情（情感）、意（意志）心理活动的反映。

对艺术创作而言，知、情、意高于生活本身，是艺术作品表现多样性的区别。

艺术家对客体的准确描绘，并不等于对客体的真实反映。

所以说，艺术准确的真实比真实的准确更可贵。

青年画家价值管理如是说

青年画家急于出售作品，从短线上看会有所获利，但不会维持长久。往往青年画家把这种短线视为自己的趋势，结果制约了艺术的发展，后增长率受束。

就画家品牌策略和价值管理分析，面对崛起时期，要从长计议，控制出售数量，不断探索，使之价值增长，再以品牌价值形成市场趋势。

艺术是心的表情

无论是我们第一张涂鸦，还是我们富有思想的作品，艺术语言就是我们释放自己的一种表情。

不要让自己陷于技术的困境中走不出来，要从觉悟中得到表现的力量，让自己的情感宣泄到创作中。

总之，每一次的艺术表现都要有自己表情特征，这才是艺术最本质的东西。

意象绘画

意象绘画是艺术思维的语言形式,画家的情感只有借助意象这一语言载体,才能获得充分的艺术表达。

无论是忧郁情调,或情感的爽然,只有在意象阔大的艺术空间中,用自我情感的丰富流量加以创作主体的承载,获得极强的审美效果,使作品增加了内在独有的意识含量,蕴含了震撼的生命力感。

写给"旗袍秀"

不知是时代误读了这群女人,还是这群女人要重读时光,旗袍,却依旧开满今天,开满内心。

经典正与女人映辉,女人与旗袍的交织,握在心间,网在视觉间。

东方的美韵与女人的美意在这里延伸。旗袍,重读女人心灵的繁华。

新写实油画

对新写实油画的认知,我们应以时代为依据,如脱离了时代的评论,就是一种失去心灵体验的模具。

我们应尊重艺术的民主性和艺术家的个体情感自由。

我们不希望艺术的有序,而无序才是这个时代的艺术特征。

艺术是存在的东西,存在就是时代。

如今艺术界好像只能认可有前人记载的艺术原则,摆出艺术崇高的姿态,坐在旋转木马上,原地不停地旋转。如果换乘一辆过山车,可能就会发晕和惊恐,因为这种游戏已不属于那个年龄了。

所以说,在艺术的游乐场中,有着不同年龄的游戏。同在一个游乐场,还是各玩各的吧!

阅读美丽 （写给×××青年装饰画家）

美丽点亮了目光，叫不上名字的形状符号叠合，与色彩一起，在这里是如此的时尚达意。

美丽可以制作，变异显赫出妆饰的另类艳丽，可能离现实很远，却离感觉很近。

这种美丽是一首首无词的曲，是阵阵新美的风，是女性特有的视觉感染，让个性的纯美再生，让人铭记。

笔尖上飞扬梦幻的时尚 （给手绘设计师广阔先生）

技术的进步，把设计置于了一个快餐式的"真实"景模，自然，手绘设计让"时代人"搁浅。

面对设计艺术表达的本真与审美价值，手绘设计艺术家广阔先生选择了坚持，坚持设计的手绘表达方式，用激情在笔尖上飞扬出梦幻般独立美学主张，形成了设计之后的另一种有温度的时尚艺术形式。

设计的世界不是平的

我认为，设计是以半全球化和本土世界主义为发展趋势，而绝不是单纯的全球化。

一个更和谐的设计世界，是以尊重个性设计文化的多样性为前提，以人性为现实，努力控制人类自身的欲望，不以牺牲道德为设计代价，摒弃设计的盲目和统一。

让设计比思想传递的更广、更远。

艺术的纯粹

艺术不能与哲学同日而语。
艺术不是哲理性的启迪，艺术要远离教诲。
艺术是纯粹的、是至美的，艺术如一味地强调大思想、大主题就会使艺术本体的美学价值退化。

内孤独

艺术家不要太靠近信息，不要太接近繁华。
在一定的阶段内远离讯息和繁华，自由地去创作，这真不是一件坏事。艺术家要学会孤独，因为孤独是艺术创作的内力和定力。
孤独，分内孤独和外孤独，内孤独是净化，外孤独是寂寞。
艺术家只有内孤独才能使作品更具有深刻性。

艺术承载

绘画是画家的自我表达。既然是表达，一定有承载。
作品承载着画家的个体精神，主观思考，小我主张，大我视角，独立情感，美学规律，艺术觉悟，生活体验，技艺语言，文化教养。画家有多大的承载，作品才会承载多大的精彩。

艺术美如是说

艺术的美不是科学的美，不是哲学的美，也不是自然的美。
艺术的美是"花非花"的变异美，是"智者见智，仁者见仁"的差异美。正是这样不确定的美，才使人们对美具有了特殊和区分的感韵。
因为宇宙有多大，美就有多大，所以，艺术美绝不是标准定性的教条。

白日梦

开 始 ［油画"白日梦"系列（二十五）联想］

人生在急切中忙乱，
却忽略了每次的开始。
有时，还没来得及相爱就分手，
还没爱过就背叛。
人生往往在燥热里徘徊整个时光，
缭乱地忙，燃尽了蜡烛，
犹如洞中寂景。
不要在梦中等待再生，
重新开始悠远的相聚，
痴迷地，点亮花香和乐音的开始，
燃起美丽欢快的情歌，
光照人生的风景。

白日的思念

白日，
垂下了厚厚窒息的黑幔，
声籁缄默，连同我的呼吸。
我怒潮的思念，涌到笔尖，向寂寥的天空书写。
此刻语言无力，一张张，拧成一个个苍白的干瘪，枯竭地散落。
上帝赋予了我去无私地爱你的权力，也赋予了我对你苦恋的缠绵。
爱是情缘，让这高贵的思念去蔑视低级的幸福吧。

能飞的意识，心中的梦 （为画家潘士强《白日梦》展览而作）

王鹏：夜，我失去了很多梦。道路泥泞，无边无际，我找不到梦迹。

潘士强：夜，时空埋葬了一切，我看不到昨天。没有了规范的步伐，我却仍然往前面走。

王鹏：梦逃到哪里去了？喂！有人见过我的梦吗？

潘士强：我抓住潜意识，孤注一掷地向前行，我不担心在路上失名跌意。

王鹏：在路上，我遇到了一位花白老者，他对我说，梦是找不回来的。

潘士强：在路上，我微弱地听到了天际间的回声，是弗洛伊德的声音。朝着那个方向，我拾到了好多林林总总的梦，还有我曾失去的。

王鹏：我失望地，找不到我失去的梦。

潘士强：我把寻到的梦，珍藏在我用来展示的意识橱窗里。

王鹏：茫茫间，茫然中。

潘士强：天已放亮，我在继续归理着这么多的梦。白日里，梦，是特别的亮，比什么都亮。

王鹏：天已放亮，我放弃了寻梦，因我知道，梦在夜里，梦不在白日。

潘士强：白日的梦，是蓝天中的星星，射到地上全是闪动的光斑；白日的梦，是心中的太阳，喷发的激情，流淌在我的血液里。

王鹏：夜里的梦，如漆墨不见，没有色彩，看不到，也抓不到。

潘士强：白日梦，它们五彩缤纷，光彩夺目，温情诱人；有的粉气艳丽，有的心醉如痴，有的相思凄切，有的庄重威严，有的同感共情，有的哲思启迪，有的奔腾澎湃，有的淡泊雅致，有的情性爱恋；伴随着意识都能飞。

王鹏：我睁开眼，我还是在自己的房间，原来我又失去了一个梦。

潘士强：我在飞，在一望无垠的潜意识青天中，这么大的空间任我盘旋。

又见中秋　　["白日梦" 系列油画（四十七）作品解释]

又是皓月当空，秋夜的澄光，袭侵我的迷茫。
你在圆圆的月色里，把我在幽冥中召唤。
月光唤醒了我窖藏故事，绵延的醇，深及记忆的骨髓。
我知道，激情的澎湃归于今夜的孤寂，花开的声音会使记忆复活，
演绎着诱人的天香；我知道，这个夜晚，轻纱曼妙宛若清幽的风，
让思念的生命开花结果。

梦　境

一直想把放荡思念的失眠交给道貌岸然的白天，哪怕只有一刻。
因为我们都有随风而去的情感来不及抓住，尤其偶然的惊鸿一瞥间，
却依然还是如此的动人。

白日梦如是说

白日梦是思想的独侠，用意识之矛穿透了世态情欲的叠嶂，灵魂在
往来的游离中划成一道道闪电，击燃了太阳，灼烧了大地。
白日梦，颠离了季候，超越了喜怒哀乐。
白日梦，对有的人是地狱，对有的人是天堂。
白日梦，常常会被人们诅咒，殊不知梦是心象的孩子，心灵互动孕
育了梦，形象共建分娩了梦。

白日也有梦

白日也有梦，维纳斯不完美。
岁月的膨胀，破碎了思想的量杯，流出清澈的水，溅到春天。
荷尔蒙淌着一束光亮，让玫瑰化为哲学的开篇。

和幻梦散步，踩着孤妙的路 （献给《白日梦》）

不愿落于尘埃，也许真诚是一种远离，
世界脱下了外衣，仿佛摒弃了虚伪的戒律，
就这样把意识裸露在白日里，
只剩下梦境这撩人的标题。
夜里心醒着，白天心醉着，数不清的故事，是那么的传奇，而又那么的至情如理。
地上泛起了白云，无数颗转瞬即逝的星星在忙碌地交替。
天上长出了甜瓜苦果，几十亿个生命都在竭力地摘取。
人在天地间折转，品赏酸辣苦甜，却装扮得如此风姿冶丽。
天地尽，心将满，艺术的生命活在自己的意识里，支撑着顽强的想象力。以一种激情的精神，把纤柔与道劲合体。
触摸着梦境的洁肤玉体，感知意象的温度，不会因我们渐隐世故，而失去了鲜明，依旧是那样掀天斡地。
和幻梦散步，风光旖旎。
踩着孤妙的路，合拍灵犀的圣曲，洗净了情怀，奢侈地描绘着内心的世界和心中的玫瑰。

梦　语

如果没有梦，世界多么枯寂无彩。
画笔抚过亚麻布，穿入了梦境的情怀。
敞开了永恒的心，以各种形态、意识、幻象呈现，宇宙万象纷至沓来，让久违的心象成图。
倾听岁月空阔的回首，呓语心中清脆不朽的世界。
梦语在臆造另一番自然、生命、思想，臆造与现实同体的共鸣。

爱情的祭献　["白日梦"系列油画（六十一）作品联想]

曾经，我们捧着月光和爱，拒斥黎明的醒来，吟叫得是那么的甜软。
今天，黎明真的陷落不在，墨青的夜色刺寒，把月光刮削得震颤。
忧伤已淹到我的胸口，与时光一起死亡，宛如一次入骨的疼痛，像一堆密集的幽魂交织，已成为曾经的祭献。
悲失的我，此刻又开始知音于黎明。

记　忆

当梦在白日间恣意，我把记忆摊得薄薄的，成为一张不褪色的纸，任凭我在思念上游走。
年龄的季节流向了秋天，但她仍然尚未退出我的视线，不是太清晰，但也抹不去。
我的呼吸，时常还是延续着羞涩的急促。

创意无须

思维的战车开辟了灵魂之旅，
灵性的释放彰显造物主的灵光。
无须去相信隧道的流畅，
苍茫能让灵感的电流击燃灵魂；
无须去理性拜谒"神"的谛说和点化，
理论的概念只是一条细浅水沟，
装不下觉悟冲动的血液洪流；
无须去为障碍做人工呼吸，
让沉醉与清醒做爱，
绿茎才能开出红花。

我信了

我信了追惜的思绪，寻找远方久违的新奇。
我信了体验的冲动，热吻着时光温柔的流失。
我信了纯真的笑颜，啄着美丽飘散着孩提的稚气。
我信了奔流的梦寐，追逐着歌谣的童趣。
我信了青春的充满，婧姿倩式，闪亮喜悦的心迹。
我信了生活的誓言，一股欢跳的风，在心海的黎明中，飞扬爱的气息。

风　景

风景，是一个自然的事件，
在事件本身变化中，
风景成为观赏者心中的遗迹。
更重要不是风景的价值，
而是人的一种心态移植，
一种心灵中的自我对话。

自在的诗　（献给广军先生版画）

诗从枝头上长出，
在灵动的超然中盛开。
花脆弱，
经不住时间的尘世，
一腔柔情撒落，
诉说心中空寂。
艺术有了这样的花，
在生命里生发，
是过程，
是等待，
也有硕果。
春无辜，花无辜。
我却能看到时间的情和自在的诗，
一眼能望尽天涯。

荷,生长在梦中

荷花的姿态,爱天地。
荷花的眼神,爱人间。
淡淡的素,灵灵的娇,脱尽俗气和喧嚣,翩翩芬芳,从不归属某一人。
饱满情思,洁净也光芒。
我想多看几眼,竟怕自己的目光太俗、太贫。
荷成全了心中的梦,我想把这份梦怀揣至深。
我渴望与梦接近,渴望梦中的荷花悠久艳耀。
我可以描绘出荷花的美,却形容不出荷花的清香。
因荷花不轻率地为一人开。
今夜,月光显外芬芳。
由于夜有梦,荷花就会禅味发光。

灵魂的飘逸

通上灵魂的云中,
我用我的灵魂与云静视。
我的灵魂被草绳拴住,
置身于世俗的缠绕,
时而干涸,时而凋落。
云中的灵魂是那么的飘移与激昂,
这是一种理想的生存方式和崇高的情怀。
我愿随风伴云而飘,
追求至贵的境界。
为了灵魂的飘逸,
人活着才有意义。

和教育谈谈

艺术教育

就艺术创造力而言,我们大学艺术教育,多是技艺性的"定式思维"和"收敛思维"教学方式。

可能教员个个都是技艺的能人,不一定都是训练学生创造力的高手。学生艺术创造力培养,绝不是以教员的个体艺术特征为判断标准,而是让学生解放天性,解脱正规艺术教育束缚,以"弥散思维"方法和尊重个性为宗旨。

童 星

张爱玲曾说"成名要趁早"。这句话误导了不少儿童家长和年轻人,他们急躁争相成名,却事与愿违。

其实真正能成大事的人应是厚积薄发、后发而先至,成功往往厚爱那些沉积和隐忍的人,而年少成名只是可遇而不可求的偶然,事实证明所谓"童星"不一定今后能光耀。我们要切记"伏久者飞必高,开先者谢独早"。

世界上没有人真正地了解儿童

成人是儿童精神或心理成长的胚胎环境,成人对儿童的培育应是适应,绝不是管束。

对成人而言,教育儿童是在用自己的感受与经验来制止儿童,是对儿童布满了障碍,这完全束缚了儿童的自我意识成长和天真的想象力。当成人们认为孩子懂事时,一定就是儿童纯美意识的丧失期。

完整人格的"博雅人"

大学并不是纯粹的知识内容的效用性教育,而是应进行通识性的博雅教育;大学不是训练技能人,而是培养有完整人格的"博雅人"。培养"博雅人",其目的是:开阔视野,思辨探索,解放心灵,透过心智的发展与理性运作,脱离蒙昧,修正褊狭,做一个灵魂健全的人,这样以后做什么事情会更容易成功。

那时,今时

那时,三十年前,刚恢复高考,社会百业待兴,人们以极大精神振奋,对知识的渴望而求索,师生同力尽心;今时,三十年后,社会经济科技发达,信息拥挤,信仰失效,诱惑大增,价值观位移,学生茫然散力,教师无心而散道。

面对当下,欲改观现状,教师要强心增力,学生要振作确立,是当务之急。

文质彬彬

大学教育应把学生从单一的听觉中解放出来,让学生学会表达,让他们"文质彬彬"。

在大学无论学什么专业,讲好话、写美文,对更好的理解专业、表现专业是极为有效的,对日后参与社会也是非常有利的。

"语"和"文"的训练,需要渗透于专业教学之中,这样才能让学生"能说会道",自强、自信。

绘画教学

绘画教学，是在解决基础问题的同时，更要解决自己精神气象的问题；在关注大师和名家的同时，也要关注自己在绘画上的智能特质；在研究画面有形语言的同时，也要思考画面无形意识及情感的传达；在运用形象思维创作的同时，也要调动理性思维。

转　换

如果一个人懂得读书学习是迅速转换的哲学，就一定会每天至少用30分钟的时间去读书，哪怕和自己的专业毫不相干。只要你坚持每天挤时间专心致志地读书，一定会出现学习效果的奇迹。
当一个人每天没时间读书时，就是你的社会价值灭迹的宣告仪式。

沃　土

大学是滋育人文精神的沃土，我们今天倡言的人文教育就是培养学生怎样做人，怎样与人相处，怎样与社会相处。
而我们现在的大学，不是在实施教育而是在实行某种技艺的培训。
大学应是为学生打造一台精神、文化、品质的自供器，使他们在这个变异多端难以预测的社会里，建立一个"内存"并随时调取。

我说"高校教育"

高校教育，是培养新生一代准备从事社会生活的一个重要过程，也是对一个人在成长关键期的世界观、价值观、人生观的塑造过程。
所以，高校的教育责任应是神圣的，教育质量是人命关天的。
的确，一流大学是为培养人物，二流大学只在制造人才，三流大学却在输出人口。

专 业

我国高校艺术类部分专业，已不适应时代的发展和需求，专业极度过剩，教学内容非常虚弱，导致艺术类大学生找工作难度大于其他专业。对今天而言，平面设计已成为一个大众化的设计，不应再成为一个独立的专业学科，平面设计的价值危机已呈现得如此强烈。

体制与设置

我国大学教育体制和教学设置存有诸多不合理性。在今天呼吁真实教育的同时，有谁去思考教师自身综合素质对教育的直接影响。就艺术类学科而言，教学不以社会发展需求为依据，教师不以全人化教育为拓展，使之，众多艺术类大学生出校门无出路。

艺术养人，如果违背现代教育实质的艺术教学是误人的。

大教育

人人都是受教育者，人人也都是教育者。

每个人的生命过程，都在时时刻刻地接受着有形和无形的教育，也都在用自己的言行教育和影响他人。

教育是贯穿人生不间断的需求变化的给养，这就是"大教育"的核心。

教育的真谛，是促进人的自由全面发展。

中国大学艺术类教育的"高耗低产"，是由教育观念偏僻、教育管理行政化、高考录取制度的弊端、教学模式及教师素质的单向化、专业学科滞后于社会等原因所造成。

时代在发展，社会在进步，中国大学艺术类教育何去何从，刻不容缓。

大学教师

（一）

在这个信息发达的社会，大学教师绝不能是知识的输送带，而应以关注学生的生命成长为首要己任。

现在的大学教学，大多是毫无境界的脱离式和过去式，严重缺失对学生生存能力的培养，当大学生毕业后无力面对社会时，教师却毫无自责感。所以每一位教师当面对学生时，你敢于无愧地接受老师的称谓吗？

（二）

说到教师，让我想起前日于丹老师的一次谈话。可以说，她是我敬重的一位能担当得起"教师"这个称谓的人。她把责任与信任做到了极致。她认为，是学生成全了教师的生命，师生间是信任与尊重的哲学。她对学生的教育，不是以知识为旨义，而是以人格培养为原则。同时也赢得了学生的信任。难得也，可敬之。

（三）

今天的大学教员应从课程的被动执行者，变为课程的主动参与决策者；从单一关注学生的专业，变成关注学生的人生发展；从重视"教"，转为调动学生自主的"学"；从学生的主宰者，转变为与学生合作学习的伙伴；从强调学生的刻苦，转为加强学生的学习过程和思维、潜能开发；从教员的"专"，转为"博"。

正负面

长期以来，我们艺术院校的专业教学都是以"负面"（个人的技能缺陷）提高为主旨，却大大忽略了"正面"（个人的技能长处）塑造，所以学院式的艺术教学很难培养出具有个性特质的艺术家。

艺术教学应以个体的独特精神气质和个人"正面"延伸发展为第一原则。

大众与精英

我国高等教育由原来的"精英教育"转为当下的"大众教育"。但是大众教育并不意味着高等教育大众化。

艺术院校要想在"大众教育"中培养有文化教养、有艺术水准、适应社会的精英学子,应注重:艺术教育与社会发展的同步性,艺术专业的通融性,专业教学的实验性,学科设置的特色性,教学课程的研发性。

写给毕业生

学生将毕业踏入社会,送几句家常话:对同事要敬,不要近;与人相处,千万不要以为别人是"弱智";不要背后议论人,也不要传话;害你的人往往是你的"朋友";学会吃亏和吃苦;学会巧交"小人",因君子不害人;学会赞美别人,知道感恩;你可以没知识,但不能没文化;没有永久的朋友,只有永恒的利益。

后 记

每一次出书的过程就像是在孕育一个生命,这个过程充满了期待与守望,期待得到认可与接受,并能带给读者更多的思考与收获。

期待与守望,就像是在守望一个孩子的成长,期待他能健康和茁壮地成长。但他的身上总会有这样或那样的缺点,所以必须经过不断的调教与修正。

写作是一件幸福的事情,因为它可以把你的思想、经验与别人分享。这是一种美好的体验,因为通过文字的传播,将对他人有所作用。热爱写作的人都希望自己的文章能够为更多的人持续地接受和欣赏,而这并不是一件容易的事情,它需要你在每一次的创作过程中,都持有第一次创作的激情和冲动,可我们很容易就丢失了最初的创作热情,所以写作需要保持有足够的热情和创作的欲望是十分重要的。

写作又是一件需要静心修炼的过程,整个过程需要全情的投入,而不是表面的工夫和一时的热血,只有静下心来认真思考,并用独特的视角进行观察和阐释,才能写出感人的文章。只有在阅读中积累,接受他人智慧的思想,才会形成自己的思想。这是自我修炼与成长的过程,其实也是在和自己的文字一同成长。

写作之门永远为每个人打开。

最后,感谢为《文案也浪漫》大力推荐的师长、好友们,他们闪光的名字能与本书连在一起,将为本书增光添彩,也是我的荣幸,他们的肯定和鼓励将是我今后的目标,同时,字里行间的溢美之词也让我羞意赧颜;还有我的学生刘茵同学为这本书所曾付出的,她现已在人民大学硕士研究生毕业回到河北工作,在此,遥祝她生活、工作顺安;感谢知识产权出版社的策划编辑荆成恭先生对本书的认可与建议,使之能顺利出版。

2014 年 12 月 16 日于点石工作室